U0602255

 上海教育出版社　江苏第二师范学院

学校管理

第五辑

2024 No.5

编委会

主　　任：王鲁沛

委　　员（按姓氏笔画排序）
　　　　王　高　王鲁沛　印亚静　陈玉乔　邵红军　张新平
　　　　皇甫立同　徐伯钧　徐国华　褚宏启　蔡公煜　魏　洁

主　　编：皇甫立同

副 主 编：印亚静

特约编辑：章跃一　刘彩玲

封面题字：梁宗亨

地　　址：南京市北京西路 77 号

电　　话：025-83758200

电子邮箱：njxuexiaoguanli@126.com

图书在版编目（CIP）数据

学校管理. 第五辑 / 江苏第二师范学院主编.
上海：上海教育出版社，2024.11. — ISBN 978-7
-5720-3194-6

Ⅰ. G47

中国国家版本馆CIP数据核字第202426YU76号

策划编辑　刘美文
责任编辑　马丽娟
封面设计　陆　弦

学校管理　第五辑
江苏第二师范学院　主编

出版发行　上海教育出版社有限公司
官　　网　www.seph.com.cn
地　　址　上海市闵行区号景路159弄C座
邮　　编　201101
印　　刷　上海盛通时代印刷有限公司
开　　本　787×1092　1/16　印张 5.25
字　　数　105 千字
版　　次　2024年12月第1版
印　　次　2024年12月第1次印刷
书　　号　ISBN 978-7-5720-3194-6/G·2823
定　　价　15.00 元

如发现质量问题，读者可向本社调换　电话：021-64373213

卷首语

陶行知与教育家精神

弘扬教育家精神，必然会想到陶行知先生。陶行知是我国近现代最具有平民情结、最有原创力、影响最深远的人民教育家。被毛泽东称赞为"伟大的人民教育家"的，在教育界独陶行知一人。

陶行知在教育改革与实践中多次论述过教育家的精神。早在他赴美留学期间，他给妹妹陶文渼的信中写道："我们生在此时，有一定的使命。这使命就是运用我们全副精神，来挽回国家厄运，并创造一个可以安居乐业的社会交与后代。"他在1926年11月发表的《我之学校观》一文中指出："学校是师生共同生活的处所。他们必须共甘苦。甘苦共尝才能得到精神的沟通，感情的融洽。""高尚的精神如同山间明月、江上清风一样，是取之不尽、用之无穷的。"在《南京安徽公学办学旨趣》一文中，他又明确提出学校要有"科学的精神，美术的精神，大丈夫的精神"。在《我们的信条》中，他说："我们深信教师应当运用困难，以发展思想及奋斗精神。""我们深信乡村教师必须有农夫的身手、科学的头脑、改造社会的精神。"陶行知和赵叔愚一同考察南京的燕子矶国民学校，发文称赞这所学校是"一个用钱少的活学校"，学校校园"屋角上，桌缝里都可以看见精神的贯注"。由此可见，陶行知在办学实践中是十分重视教育家精神的培育与传播的。

知行合一，身体力行，是陶行知弘扬教育家精神的一个鲜明特征。他以身作则，率先垂范，成为广大教育工作者学习的典范。原育才学校中共地卜党支部书记廖意林在纪念文章中写道："他用他的博爱精神，为人类负起'十字架'，献身于他的爱；他用苏格拉底为真理而自我牺牲的精神，献身于他的爱；他以革命者赴汤蹈火为人民谋幸福的精神，献身于他的爱。他是以他的伟大的爱的光辉，抚育、照耀他所爱的一切!"钱俊瑞在 1946 年 8 月 12 日《解放日报》上发表《一代巨人陶行知》的文章。他把陶行知的教育家精神归纳为:"永远与人民大众相结合,全心全意为人民服务的伟大精神""热爱劳动与崇尚劳动的精神""极端重视实践,重视理论与实践结合的精神""善于自我批评、善于改正自己的错误"。这些充满激情的论述是对陶行知光辉人生真实生动的写照和赞美。

当今时代的教育改革,需要了解陶行知及其教育家精神。广大教育工作者需要学习陶行知关于教育家精神的论述,以赤诚之心、奉献之心、仁爱之心,投身教育工作,为我国教育现代化事业做贡献。

江苏第二师范学院教授　王铁军

目 录

新时代适合教育的校本实践

◎ 李　斌 / 江苏省泰州市第三高级中学

摘　要　当前，我国基础教育的内涵和方式正在发生深刻变革，正在实现由"选择适合教育的学生"到"提供适合学生的教育"的转变，这种转变已经成为新时代教育改革和发展的核心关注点。为学生提供适合的教育，是适应人自身发展的需要，也是教育"以人为本"的实践体现。学校从构建立体的德育体系、培植丰富的校园文化、提供多元的课程选择、倡导学生在场的教学场域、实施适合的评价体系等维度，探索适合教育的校本化实施路径，以期充分满足学生个性化、多样化发展的需求，为每个学生搭建放飞人生梦想的舞台。

关键词　适合教育　校本实践　办学主张　高品质特色高中

习近平总书记在全国教育大会讲话中指出，"每个学生都是独一无二的个体，禀赋、才能、爱好和特长不尽相同……相信每一个学生都是可塑之才，善于发现每一个学生的闪光点和特长"。《国家中长期教育改革和发展规划纲要（2010—2020 年）》强调，"关心每个学生，促进每个学生主动地、生动活泼地发展；尊重教育规律和学生身心发展规律，为每个学生提供适合的教育"。反观当下的教育现状，以升学为引领的中学阶段，过分注重智育，忽视体美劳；注重统一性，忽视差异性；课业负担过重，兴趣爱好被压制；学生评价标准单一，忽视动态和多元评价。这些普遍存在的问题表明，教育的核心问题是"不适合学生"。因此，如何让教育"适合"学生，

让学生在校园幸福而有尊严地成长，已成为人民群众最为关注的话题之一。作为一所普通高中的管理者，笔者一直在思考，如何为学生提供适合的教育，如何让每位学生变得更好。为此，学校结合生情校情，提出"办适合的教育，做最好的自己"的特色办学主张，这既是对党的教育方针的回应，也是一所普通高中努力探索向上生长通道的实践。

一、构建"适合教育"的德育体系：突出活动育人，争做最好的自己

学校依托德育工程建设，实施"三大育人"途径，全面构建"办适合的教育"德育体系。

一是管理育人。学校针对学生成长不

同阶段的需求，重视年级衔接，高一年级侧重习惯养成教育与品德教育，高二年级侧重自主教育、自主管理和选科方向指导，高三侧重感恩教育、前途理想教育和生涯规划指导。在制定《泰州市第三高级中学学生手册》，形成全体师生广泛认同和自觉遵守的制度规范的同时，针对不同类型学生实行分类管理。比如，学生进出校门实施红、黄、蓝三色学生证管理制度，红色为封闭式管理，对象是寄宿学生，实行在校期间全封闭管理；黄色为半开放管理，对象是在校包伙的走读生，要求是早进晚出；蓝色为开放式管理，对象是回家吃饭的走读生，中午、下午放学时可进出校门。这些举措有效地促进了学校管理的规范化，促进了管理育人的落地见效。

二是活动育人。学校依托"三礼六节"，设计相关主题教育活动。积极开展"今天，你问候了吗""抬头，挺胸，张嘴，迈腿"等文明礼仪教育专项活动，促进学生良好行为习惯养成。举办丰富多彩、寓教于乐的校园节活动，培养学生的兴趣爱好，充实学生的校园生活，磨炼学生的意志品质，促进学生身心健康发展。开展"科技之旅""名校之旅""红色之旅""艺术之旅"等系列实践体验活动，让每个学生都能找到适合自己的方式，每个学生都能得到点赞，都能行走在舞台的中央。

三是协同育人。学校完善协同育人机制，不断改进和优化学校工作。通过学校、家庭与社区三方的紧密合作，共同构建全方位、多层次的教育生态系统，为学生的成长提供更加丰富多元的环境和资源。精

心组织家长进校园活动，经常开展"菜单式"和"需求式"家校恳谈、心理健康专题辅导和经验分享活动，强化家庭教育指导。让家长和社会深度参与并支持学校工作，画最大的同心圆，求最大的公约数，形成最大发展合力。

"适合教育"德育体系的构建和不断完善打开了学生的成长路径。学校2023—2024学年度年级心理健康综合数据显示，有心理问题学生的数量呈逐年下降趋势，很多学生由抑郁、迷茫变得阳光、自信。

二、培植"适合教育"的学校文化：开启师生心智，创造幸福生活

健康指向全体师生的学校文化，能给师生创造有形而庄重的心理"磁场"，在无形中统摄全体师生的灵魂，彰显"润物细无声"的教育魅力。

一是凝练精神属性，提升文化认同感。优秀的校园文化自带精神属性，学校面向全校师生征集，提炼出"适合教育"体系下的泰州三中"领导工作信条""中层干部誓词""教师誓词"和"学生誓词"。

二是建设美丽校园，增强环境氛围感。学校在内外环境布置上，让每一面墙、每一块石头都能说话，打造鲜明的视觉语言效果，形成浓郁的文化气息，用文化启人心智。今天的泰州三中，从学校大门口的"幸福三中欢迎你"到乐育楼前醒目的横标"适合你的才是最好的"，从文化长廊到主题浮雕，从电子显示屏到墙面文化，从建筑和道路的命名到文化景点的构建，从师生打卡点到温馨提示，都是为了营造出浓

厚的"适合与超越"的办学理念和人文文化氛围。

三是丰富活动载体，增强师生归属感。学校推进师生大阅读工作，让校园书声琅琅；搭建"教师大舞台"，让教师讲好身边的故事；组织校园艺术节，每年给全校来一次艺术的狂欢；搭建东皋才艺广场，让艺术细胞飘扬在校园的每一个角落；创办校园心理报，通过"生命教育"等主题教育活动，展现自信、有恒、乐学的健康姿态。

三、构建"适合教育"的课程图谱：满足个性需求，彰显办学理念

适合的教育呼唤适合的教学组织方式和课程体系。学校保质保量完成国家课程的开设，尤其强调体育课、活动课、艺术课、心理课等一节都不能少。同时，每周观看《新闻周刊》，强调学科思政。在保障每个学生均衡发展的同时，精心打造旨在"发现每一个、点亮每一个、成就每一个"的"基础课程—拓展课程—特色课程"的三级课程体系，构建了校本课程图谱3.0版本，真正为实现"适合教育"下的"超越"发展搭建平台。

体育课程。学校课堂教学实行合班分组教学，提供篮球、足球、羽毛球、乒乓球、田径等多个项目供学生选择，满足不同层次、不同爱好、不同学生的需求，充分发挥学生的主体作用。注重体育特长生培养，开发校本化体育课程，完善培养机制。近几年，学校在竞技体育方面始终保持全市领先，为高校输送了一批批高素质

的体育人才，先后培养出2名运动健将，多名学生被上海交通大学、华东师范大学、苏州大学等名校录取。

艺术课程。学校秉持"适合"理念，在高一军训期间就开展调研，全方位了解学生兴趣爱好和特长，经过专业前景了解、生涯规划与指导、能力培养与测试等过程，选拔出有特长的学生单独分班重组，通过专任教师指导、购买服务促进、名校专家领航等方式开展教学培训活动，为每个有特长的学生提供适合的教育。近年来，学校美术专业高考均分已连续多年位居全市前列，为更多的学生赢得了进入"双一流"院校的机会，真正实现了由"适合"走向"超越"。

特色课程。为了让学生有更多选择，学校招聘日语教师，为英语薄弱的学生提供日语课程服务，给他们再一次选择的机会。实践证明，这一特色课程让他们得到适合的教育，实现了超越式发展，升入更高层次高校，从而改变了他们的人生轨迹。

拓展课程。学校每年正常开设拓展课程30多个，学生参与度100%。团委选派指导教师，并指导各社团建立规章制度，同时组织培训拓展课程负责人，邀请校内外专家担任辅导员。学校文化艺术节、元旦文艺晚会、拓展课程展示月，所有学生踊跃登场，成为校园亮丽的风景，这是"做最好的自己"的最佳注解。

劳动课程。学校将劳动教育纳入学校工作计划，把劳动教育打造成学生成长教育的必修课。将劳动课堂设在农场，学生定期前往校外劳动基地劳作；校内卫生由

学生分区包干；每逢节假日，都布置劳动实践作业。经过各项劳动技能的学习，在校的每一个学生都经历过农耕活动，能烹饪一种菜肴，能独立制作通用技术实践作品，能主动参与各种劳动。

除以上特色精品课程的打造外，学校在国际理解教育、科技创新教育、非遗文化传承等方面也做了很多大胆尝试，基本实现了"每个学生都能选到自己喜欢的课程"的私人定制目标。

四、打造"适合教育"的教学模式：推行"智慧课堂"，做到课堂有"我"

课堂是一所学校办学思想落实的主渠道，也是一所学校办学质量提升的主阵地。"适合教育"就是要在课堂上承认差异，尊重差异，允许学生用不同的、适合自己的方法去探索获取知识。

"智慧课堂"追求"学生在场"的教学新场域。"智慧课堂"要求融入核心素养、情境教学、任务驱动、师生平等、共同发展、教师乐教、学生乐学等散发出时代气息的新元素。它是师生同构共建的课堂，多一些"泥土芳香"和"原汁原味"；是教育思维和教育情感互动的产物，是师生智慧互动共生的课堂……总之，课堂应该是学生在场的课堂。

"智慧课堂"追求"教师有为"的教学新范式。该范式体现三个特性：一是教学环节的丰富性，开启智慧之门，探究智慧之源，生成智慧之果，点燃智慧之炬；二是充分利用泰微课资源，促进自主学习能力；三是实施分层教学，让每个学生都能在课堂上找到自己的位置。

"数智赋能"催生"智慧课堂"新样态。一是课堂反馈数据化。学校引入并推广极课系统，运用大数据准确把握学情，推进需求式教学。二是教学手段智能化。借助教学新设备，利用教学新技术，为学生提供优质的学习资源和便捷的学习渠道。三是课后辅导即时性。精选课后练习，巩固当天所学知识，借助在线答疑平台，及时回应学生学习中的疑难问题。

"开放课堂"只为成就更多的这一个。学校打破相对单一的传统课堂形态，在特色上寻求突破。学校为英语基础差的学生提供日语课程，为有艺术特长的学生开设艺术班，为体育特长生组建高考体育班，变"要我学"为"我要学"，从痛苦学习到快乐学习，从应试教育到素质教育，构建适合每个学生健康成长的课堂生态。

五、构建"适合教育"的评价标准：重视多元评价，面向全体学生

"适合教育"的评价标准坚持以德为先，能力为重，全面发展，让核心素养切实落地。

一是构建多维评价、动态评价、互动评价相结合的评价体系。适合学生发展的评价方式应该从单一的评价标准中走出来，对不同内容的评价应有不同的标准，体现从起点看进步、从实践看效果、从过程看发展。确立以每个学生自身为标准的评价标准，不与其他同学进行比较，而是与自己比，在不断比较中看到自己的进步和变化。建立动态与静态相统一、过程与结果

并重、自评与互评相结合的多维评价系统，让每个学生都能拥有参与评价的机会，在评价过程中发挥学生的主体能动性，使学生在评价中可以获得一个自我完善、自我进步的机会。

二是实施嵌入式育人新评价，从"普适"向"适切"转变。学校建立了每生一档的"学生电子成长档案"，综合记录每个学生在不同发展时期身心健康、学业水平、个性特长、成长体验四方面的成长变化，并将数据进行纵向和横向对比，对学生进行阶段性过程评价。学校还对毕业生进行跟踪调查，了解其升入高校后的发展质态。

三是"唤醒"和"点亮"，让学生看得见成长。学校在校史陈列室、文化走廊、校园橱窗、班级园地等地宣传卓越校友，展示学生作品，表扬优秀学生；利用校广播站、校报、校刊进行宣传教育，让学生看得见自己，看得见成长；开展"点赞"教育，推进师生互评机制建设，以"点赞"

为底色撰写希望和不足，编印、发放《致我最喜爱的老师》《我的教育故事》等文集。

四是聚焦招生改革，在综合评价招生上持续发力。学校引入测评工具，对学生生涯兴趣、学科潜能、多元发展等进行测评，为学生做出科学选择提供精准数据。一生一策略、一生一导师、一生一档案。近年来，通过综合评价招生被录取的泰州三中学子逐年增加，层次也越来越高。

今天，"适合教育"已经在学校落地生根，成为显著而鲜明的办学特色。适切的德育体系、丰富的校园文化、可选的课程体系、有"我"的课堂教学、多元的评价体系，让我们看到了生命成长的更多姿态，更成就了每个学生未来发展的无限可能。

【作者简介】李斌，男，江苏省泰州市第三高级中学书记，教育部名校长工作室成员，长三角中小学名校长高级研修班学员，教育部高校师范专业认证专家，"江苏省教育家型校长创新培育计划"培养对象。

参考文献

[1] 冯建军，刘霞．"适合的教育"：内涵、困境与路径选择 [J]．南京社会科学，2017（11）：141—149．

[2] 冯恩洪．创造适合学生的教育 [M]．天津：天津教育出版社，2017．

[3] 成尚荣．为每个学生提供适合的教育 [J]．人民教育，2010（20）：9—12．

[4] 陶继新，王伟．为每一位学生提供适合的教育——山东省潍坊中学回归教育本质的探索 [N]．中国教育报，2011-10-16（3）．

[5] 费腊梅．基于选择理论的"适合学生的教育"内涵探析 [J]．学理论，2013（33）：212—213．

[6] 汪小丽，黄南婷．孔子"因材施教"的考察及其启示 [J]．九江学院学报，2008（1）：116—118．

"适合与超越"：以问题为导向的"四有"好教师团队建设路径探索

◎ 华　飞／江苏省泰州市第三高级中学

摘　要　在新时代背景下，"四有"好教师团队的建设成为响应国家要求、回应时代呼唤的破局之策。本文以"适合与超越"好教师团队为例，分析了教师队伍建设面临的主要问题，包括教育情怀缺失、师能不足、领军人才缺乏和特色型教师有待挖掘等。为解决这些问题，团队通过价值引领、文化引领、目标引领、项目引领和建设引领等方式，力求走出一条符合时代所需、适应校情师情的"四有"好教师团队建设之路，打造符合时代所需的高素质专业化教师团队。

关键词　"四有"好教师　问题导向　教师团队建设

2024 年 8 月，《中共中央　国务院关于弘扬教育家精神加强新时代高素质专业化教师队伍建设的意见》（以下简称《意见》）发布，其中明确提出要大力弘扬教育家精神，加强新时代高素质专业化教师队伍建设。新时代、新形势对教师队伍建设提出了新的要求，以"四有"好教师团队建设为抓手，让榜样先锋发挥示范引领作用，进而打造一支师德高尚、业务精湛、结构合理、充满活力的高素质专业化教师队伍，正是响应国家要求、回应时代呼唤的有力破局之策。要想真正建设好"四有"好教师团队，就要理清当前学校教师队伍建设面临的真问题、真难点，进而精准施策，有效解决，这是学校管理者需要深入考虑和谋划的问题。

一、坚持问题导向：以学校发展所需为标的，对标找差明晰不足

在新课标、新教材、新高考背景下，应试教育更加暴露出自身缺陷，向培养核心素养、关键能力的素质教育迈进是时代要求。传统的"教书匠"型教师已不能适应时代需求。[1] 学校好教师团队的建设需要直面教师队伍存在的现实问题，并寻求解决问题的良方良策。

（一）教育情怀缺失

部分教师安于现状，工作上"得过且

过"，向"高"攀登、向"美"发展意愿不足。泰州市第三高级中学有着悠久的文化底蕴，在长期的发展中形成了独具特色的东皋文化。如何挖掘东皋文化底蕴并赋予其时代内涵，引领教师不断涵养自身身份情怀、事业情怀、业务情怀和道德情怀，解决教育情怀不能适应新时代要求的问题，是建设好教师团队的首要问题。

（二）师能不足，存在教育教学本领恐慌

"三新"改革对教师培养学生核心素养、关键能力提出全新要求。然而，当前仍然存在着部分教师能力有所欠缺，学习意识不够，继续学习能力下降，产生本领恐慌的问题。新技术的出现也加剧了教师对新时代教育环境的不适应。《意见》指出，到2035年，教师综合素质、专业化水平和创新能力要大幅提升。如何在"三新"改革背景下提升教师学科专业素养、新技术应用能力，并通过团队融合发展，打破学科壁垒，提升教师对核心素养跨学科融合的认识，解决师能建设不能适应新时代要求的问题，是好教师团队建设的重中之重。

（三）领军人才缺乏，名师队伍亟待形成

大部分教师有"躬耕教坛"的志向，但是缺少核心领军人才，难以推动高素质骨干教师队伍的形成。四星级高中承载着更高的社会期望值。泰州市第三高级中学现有市（区）级骨干教师49人，占学校教师的31.2%，但市学科带头人只有5人，学科建设缺乏领军型人才，名师的示范引领作用不能得到充分彰显。如何夯实教师发

展支持服务体系，健全组织保障体系，积极探索内涵式高质量发展的改革路径，打造适应"三新"改革的学科领军团队，解决名师队伍不能适应高质量要求的问题，是好教师团队建设的点睛之笔。

（四）特色型教师有待挖掘

新时代催生学生多元发展需求，要真正实现学生的全面发展和个性发展，一支能切实提供多元支撑的特色型教师队伍不可或缺。《国家中长期教育改革和发展规划纲要（2010—2020年）》提出，鼓励普通高中办出特色，实现特色兴校、特色强教。泰州市第三高级中学着眼学生的个体差异，提出"适合与超越"的办学理念，形成了体艺、科创等办学特色。在向纵深发展的过程中，特色课程如何高位发展，核心素养如何在特色课程中落地，特色教师的短缺则成为制约因素。如何培育特色教师，提升教师拓展型和研究型课程的开发、实施能力，解决教师结构不能适应强特色要求的问题，是好教师团队建设的必由之路。

学校明确了迈向"高品质特色发展"的目标，着力打造"适合与超越"好教师团队，就是为了结合学校实情，"以小球转动大球"，破解上述难题。

二、做好顶层设计：锚定问题所在，"对症下药"求实效

立足校情师情，找寻到团队建设问题所在，下一步就要聚焦问题，并明确问题解决的方向，从而"对症下药"，为团队建设方案理清思路。[2]自团队成立以来，我们坚持问题导向，锚定建设目标，通过

"五个引领"来着力破解建设难题。

（一）通过价值引领，厚植教育情怀，强化理想信念

学校以党员学习活动、师德主题教育活动为抓手，引导教师坚守教育初心，牢记育人使命，坚定立德树人根本任务，为党育人、为国育才；引导教师以新时代"教育家精神"要求自身，坚定"心有大我、至诚报国"的理想信念，深化对"强国建设、教育为基"这一时代课题的认识和把握，把爱国之情、报国之志融入教育强国建设之中，融入服务国家重大战略需求和经济社会高质量发展之中，全面提升教育服务高质量发展能力，厚植教育情怀，为学生的成长成才铺路架桥，为办好人民满意的教育添砖加瓦，为教育强国建设贡献全部力量。

（二）通过文化引领，涵养高尚道德情操，做新时代的"大先生"

学校传承好东皋文化敦品励学的历史文化，并赋予其与时俱进的时代内涵，让"学高为师，身正为范"成为全体成员的共同特征。将学习"时代楷模"、区域先进、地方先锋与"让身边人讲身边事、以身边事激励身边人"结合起来，通过星光大舞台、师德大讲堂等形式多样的活动不断提升教师言为士则、行为世范的自觉，不断提高教师道德修养层次，不断推动教师以模范行为影响和带动学生，在注重提升学生文化知识素养的同时，教育引导学生明德知礼，帮助学生塑造正确的世界观、人生观、价值观，促进学生全面发展，做学生为学、为事、为人的"大先生"。

（三）通过项目引领，加强师能建设，赋能专业发展

师能水平是动态变化的，师能建设更是一项长期工程，顶层设计有关教师发展的教育教学及教科研项目，以项目推动教师发展、团队建设至关重要。学校在为教师制订发展规划、增强其自主学习力的基础上，注重创新形式，坚持以自主学习、团队合作、名师指导相结合的方式，切实提升团队全体成员教学素养；建立"以老带新""以优带新""以学促新"的青年教师提升制度，搭建并完善骨干教师向"名特优"教师发展的平台，使平台成为精英团队的发源地、青年教师的大舞台、未来名师的孵化池。

（四）通过目标引领，稳中求进，优化队伍结构

习近平总书记鼓励广大教师争做"大先生"。大先生之"大"，在于学问之大、品德之高、格局之大、境界之大。学校努力让每一位团队成员都树立"躬耕教坛 强国有我"的志向和抱负，制订专业发展的近期与长期目标。在教师迈步专业发展目标的实践中，为教师发展创造条件、提供平台，既要"扶上马"，还要"送一程"，再由一到多，形成教师队伍建设的良性循环。学校依托省级"四有"好教师团队建设平台，建设"名特优教师＋学科领军人才＋创新团队"的开放式高水平教师团队，形成"合格教师—骨干教师—名特优教师"的教师队伍梯队培养体系。

（五）通过建设引领，打造优质"教育场"，切实提升教师"三感"

一方面，争取资源、挖掘资源、创造

资源，大力提升学校"硬件""软件"设施建设水平，为教师创设发展进步、工作生活的优质"教育场"生态；另一方面，教师是学校的主人，将教师的发展置于学校发展的大背景下，置于适应未来发展的考量中，全方位地提升教师的归属感、获得感、尊严感。学校创造有利于教师潜心教书、育人、治学的环境氛围，使广大教师安心从教、热心从教、舒心从教、静心从教。让优质的教育场生态化，促进教师历史使命感、工作责任感和集体荣誉感的提升，进而在教师身上产生"罗森塔尔效应"，并引发推动学校教育教学生态整体向好发展的"蝴蝶效应"。

三、坚持实践落实：聚焦教师发展，致力优化建设举措

学校坚持问题导向，锚定建设目标，理论联系实际，倾力打造"适合与超越"好教师团队，从四个方面切实发力，目前已经成为全市同类学校的领头雁、特色学校发展的先行者。我们力求通过成功打造省级"四有"好教师团队，为学校建设江苏省高品质特色高中奠定坚实基础。

（一）锻造精神：做立德树人的好教师

凝练东皋文化，涵养教育情怀。学校成立东皋思想研究会，凝练东皋文化精神内核，赋予其核心思想敦品励学时代内涵，即崇尚品德的育才思想、勤勉向学的求学精神、志在报国的担当精神、探求真知的实践精神、团结奉献的协作精神、与时俱进的改革精神，使团队成员牢记时代使命与责任担当，不断涵养自身的身份情怀、

事业情怀、业务情怀和道德情怀，为团队建设培基铸魂。

（二）激发内驱：为教师成长赋能

私人定制发展规划，科学推动"拔苗助长"。学校优化了《教科研发展规划》和《教师队伍建设"135"工程实施方案》，指导团队成员制订三年发展规划，根据成员自身特长，推动成员在教育管理、学科教学、教科研三大项目上自我加压，挖掘潜力，合理提升，形成为好教师团队成员量身定制的发展清单。

搭台铺路，让名师在实践中成长。学校每逢竞赛都邀请专家一对一磨课，每逢评比都邀请名师进行点对点指导。在立足课堂系统化开设团队教师公开课、骨干教师示范课、青年教师汇报课等各类研讨课的同时，学校积极推动联盟校校际交流活动，"名师走教"活动在好教师团队的建设框架下发挥了更大作用。

下好"新生代名师"培养先手棋。为解决学校"名特优"教师缺乏的问题，学校多渠道发力，找寻破局之道，在培育"新生代名师"上效果显著。学校在课题研究、论文写作、荣誉表彰、学习培训等方面给予政策扶持，做到定向培养，精准发力。

（三）锤炼师能：提升教师专业能力

结合专业开发特色课程，锤炼课程开发与实施能力。学校大力推动好教师团队成员通过自研、指导、帮带、外联的方式，协同开发了系列特色化的校本课程。将锤炼师能、文化育人落实在课程开发与实施中，形成东皋特色课程体系，囊括了文学、艺术、生活、社会四大领域，统筹"人与

自然""人与社会""人与自我"三大主题，解决教师结构不能适应强特色要求的问题，已经取得了良好的育人效果。

依标教学深耕课堂，打造名师演练场。学校以终为始，牢牢抓住课堂评价这个关键一环，让教有所依、评有所据。"四有"好教师团队成员带头深研课程标准，"依标授课"，打造高效课堂、精品课堂。

教育科研精准发力，领军人才定向培养。学校对好教师团队成员进行了论文撰写、教学案例摄制、课题研究、信息化技术应用等方面的专门培训。根据团队成员教科研水平现状，确立了人人科研、分层培养的策略。尤其是对于研究经验尚浅的成员，学校一方面通过内部协作提供参与研究的平台，定向培养、精准指导；另一方面大力实施微型课题研究策略，激励全体教师在微课题上挑大梁，把论文写在课堂上。

（四）共同成长：在协同建设中共同发展，擦亮品牌，打造领军群体

为了在实践中最大限度地发挥"四有"好教师团队的辐射作用，学校以"适合与超越"好教师团队成员为核心，牵头实施同盟校核心备课组计划，在市内四校同盟的基础上，还牵头组建了跨市"七校创新联盟"，团队成员参与线上线下备课、教研活动，与名师"当面"交流。我们还将以好教师团队成员为主体，成立校级教师发展中心，全面推进师能建设，促进共同发展。

自"适合与超越"好教师团队立项以来，学校坚持问题导向，锚定建设目标，创新建设机制，取得了明显成效，完成了预期目标。没有高素质的教师队伍，就没有学校的高品质发展。学校将继续发挥"适合与超越"好教师团队的榜样先锋作用，向打造一支符合时代所需、师德高尚、业务精湛、充满活力的高素质专业化教师团队砥砺前行。

【作者简介】华飞，男，江苏省泰州市第三高级中学校长，江苏省名校长工作室成员，泰州市首批"卓越校长"培养对象，先后荣获"江苏省师德模范""江苏省优秀青少年科技教育校长"等荣誉称号。

参考文献

[1] 季春梅，马斌."四有"好教师团队：省域教师队伍建设的实践创新[J].人民教育，2020（11）：46—48.

[2] 程建平.打造新时代"四有"好老师队伍[J].中国教师，2019（1）：19—21.

体教融合：普通高中育人方式变革的实践探索

◎ 孙粉林／江苏省泰州市第三高级中学

摘　要　青少年的成长关乎着祖国和民族的未来。学校秉持"适合与超越"的办学理念，深入贯彻落实《关于深化体教融合　促进青少年健康发展的意见》，高度重视体育在培养学生健康体魄、健全人格中的作用，将"体教融合"育人策略写进学校中长期发展规划。多年来学校体教融合育人方式的实践探索，不仅让学生很好地达成"享受乐趣、增强体质、健全人格、锤炼意志"的学校体育目标，而且促进学校在课程开发、教师成长、学生培养、特色发展等方面取得优异成绩。

关键词　体教融合　育人方式　适合教育　特色发展

习近平总书记指出，建设教育强国是一项复杂的系统工程，需要紧紧围绕立德树人这个根本任务，着眼于培养德智体美劳全面发展的社会主义建设者和接班人。体教融合是新时代我国教育改革和体育发展的重要方向，对于促进普通高中育人方式变革具有重要的指导意义。中央全面深化改革委员会第十三次会议审议通过了《关于深化体教融合　促进青少年健康发展的意见》(以下简称《意见》)，首次将体教融合写入国家的政策文件。体教融合的新表达，重构了教育的价值和功能，要求学校必须树立健康第一的教育理念，由面向运动员转向全体学生，帮助学生在体育锻炼中享受乐趣、增强体质、健全人格、锤炼意志，实现"文明其精神，野蛮其体魄"。

一、问题导向明目标，引领适逢其时

青少年的身心健康成长一直都是社会关注的热点，但以往学校体育工作存在以下问题：一是青少年体质持续下降，体育学科育人功能弱化；二是"教体分离"，学生文化学习和体育锻炼不能协调发展；三是高水平运动员来源渠道单一，国家竞技体育后备人才力量不足；四是学校教育和竞技体育"两条腿"走路，资源整合不紧密。为全面提升全体学生体质，培养高水平体育人才，泰州市第三高级中学一直积极探索构建"体教融合"育人模式。

通过深入学习文件精神，学校结合校

情，决定走多元特色化发展、体育特色化发展之路，通过错位发展、创新创优来推动学校整体工作高质量发展，实现育人方式的变革。为此，学校专门成立体育工作领导小组，及时调研、走访、座谈，了解师生和家长的真实想法，通过政策解读消除顾虑。同时，在全校范围内展开讨论，论证强化学校体育工作的必要性和可行性。通过讨论，大家理清了学生终身幸福和短期成绩之间的关系，充分认识到体育工作的重要意义，认为充分的体育运动有助于愉悦学生心情，培养学生勇敢的精神、坚强的意志、拼搏的决心，有效增强学生自信心、进取心，健商的提升能带动智商和情商的发展。学校推进体育工作可以让更多学生在强身健体的同时改变自己的命运。

大讨论为后期学校体育工作的推进提供了强有力的思想保障。在"以体育人，以文化人，'五育'并举，培养全人"的思想引领下，学校不断加强教学科研，逐步摸索出一条在"适合与超越"办学理念引领下，以校园体育文化为核心，以高端平台引领为载体，以三层课程体系为依托的体教融合育人路径；明确了聚焦学生核心素养培养与健康发展，助推教师专业成长，开发精品课程，以文化内涵构建体育特色学校的发展方向。学校真正实现了育人方式的变革，不仅让体育成为提高学生核心素养的重要路径，而且让学生在学习中享受锻炼的乐趣，在训练中接受知识的熏陶，进而让学生拥有强健的体魄、健康的生活、完善的人格和幸福的人生。

二、顶层设计巧施策，持续精准发力

习近平总书记指出："要坚持健康第一的教育理念，加强学校体育工作，推动青少年文化学习和体育锻炼协调发展。"《意见》不再专门聚焦运动员群体，而是面向全体青少年，通过融合体育与教育两个系统的资源，旨在深化具有中国特色的体教融合发展，共同培养德智体美劳全面发展的社会主义建设者和接班人。

泰州市第三高级中学早在《学校发展四年行动计划（2022—2025）》中就明晰了学校的发展目标：以理念新、师资强、课程优、管理精、质量高、特色明、声誉好的高品质高中标准对标补差，高质量发展。在特色建设中明确打造体育特色，以体育为抓手，实现育人方式的变革，带动学校整体工作的高品质发展。以创建体育特色品牌为契机，在学校体育教学机制、教育理念、教学方法、教学条件以及社会参与等方面进行联动，整体规划，科学设计，统筹推进，助推体教有机融合、深度融合，助力青少年健康成长、全面发展，使学校走上自我发展、自主发展、内涵发展、全面发展的校本化特色之路，为学校工作的可持续发展提供保障。

（一）构建全员体育格局

积极推进校园体育文化建设，营造健康向上、孕育人文精神的体育文化环境。学校通过体育荣誉室、体育名师工作室、宣传栏的建设，以独具特色的文化内涵助推学校体育特色发展。在学校各类活动中，重视为体育留空间，提升体育工作人员的出镜率和话语权。实施基础性与选择性、补偿性相结合的体育课程，规范每周两节体育课的课时，科学制定全体学生每天运动一小时活动方案，通过行政推动保障大课间的锻炼时间、体育活动课的丰富多样，要求高三体育课上到高考，冬季跑操训练整齐有序等，为全员体育提供制度保障。

学校每年举办两次师生运动会，参加运动会的师生运动员占比达到 85% 以上。常态化开展春季踏青远足活动，夏季体能训练，秋季篮球赛、广播操比赛，冬季全员长跑活动、班级拔河比赛，全员体育极大地提升了全校师生对体育活动的热情。

（二）发挥社团虹吸效应

在普及的基础上，将有兴趣、有天赋的学生集中到社团中去，进一步发挥兴趣的带动作用。经过多年的探索实践，学校已经形成了以足球、篮球、田径、网球、羽毛球、街舞、体操、棋类等为代表的学生特色社团，让学生有了更多展示个人魅力的舞台，推动了学生个性发展。学校田径队和篮球队在市直学校和泰州市比赛中成绩突出，校田径队多次获得市直田径运动会和市运动会冠军，校篮球队先后十多次获得市区篮球比赛冠亚军。

（三）培养高端体育人才

在全面推进体育工作的同时，学校重视优秀人才选拔和体育高端人才培养，希望形成高原上的高峰。以田径项目为例，高一上学期，学校会利用校运会选拔有意向且有潜力的学生单独组队，选派专业教师为他们制订个性化的训练方案，在协调好学业的基础上，利用体育课、活动课、社团活动课及周末时间进行训练。同时在寒暑假期间开展集训，重点考量学生吃苦耐劳的精神和敢为人先的胆识。学校定期邀请家长到训练场参观，感受孩子的变化。为搭建高校融合发展平台，学校主动对接体育部门和相关体育高校，与他们共建平台，为优秀体育人才的专业成长提供保障。近年来，学校体育特长生高考本科达线率在 95% 以上，为上海交通大学、华东师范大学、苏州大学等多所高校输送了 20 多名

学生。学校先后为省队输送 3 名高水平运动员，2 名学生成功晋级国家运动健将。王爽同学在全国第十四届学生运动会中学生组田径比赛中获 100 米、200 米冠军，并以 10 秒 41 的成绩打破尘封 41 年的百米全国少年纪录。

三、体教融合真赋能，多点纵深发展

"双减"政策让教育改革站在新起点上，也进一步促使我们思考、探索"双减"之后"加"什么。体育成为其中一个主战场和主阵地。体教融合瞄准"教会、勤练、常赛"，瞄准"每个学生熟练掌握一项以上运动技能"和"学生体质提升'三精准'（精准测量、精准分析、精准干预）"，瞄准"以体立德、以体益智、以体健身、以体育美、以体促劳"，瞄准"健康中国 2030"。这些都成为新时代教育改革的重要突破口和新抓手。体教融合，是育人方式和理念上的变革，是让体育在育人方面的综合功能和价值得到全方位释放，让体育和教育在价值、功能和目标上充分融合。

（一）课程设计更趋合理

除保证国家基本体育课程外，学校以体育高考特色班为突破口，大力拓展体育的内涵。加强国家课程的校本化建设，实施以篮球操为引领的学生体质提升行动，为每个学生掌握 1—3 项体育技能提供可能，并加大体育课程与劳动课程、美育课程的融合力度，全方位提升体育课程建设水平，总结出"国标课程与校本课程相结合""日常训练与假日集训相结合"等体育理念和做法。注重加强学校体育专用设施和校外训练基地建设，为推进体育特色课程建设提供有力保障。

（二）师资队伍优势互补

学校利用每周固定的时间作为体育特色项目教研活动时间，积极选派体育教师参加各类培训，多名体育教师成功入围省级"四有"好教师团队；拓宽教师来源渠道，聘请资深专家作为校外顾问，进一步提高体育的效益。学校积极参与青少年体育"5621"计划和市队校办项目建设，优势互补，共同携手打造长期战略合作伙伴关系，为体教融合注入新的活力。学校还在田径、篮球、足球等项目中构建校际联盟，以联盟校建设拓展活动平台，缓解师资供求矛盾，提升体育运动水平。目前，学校已形成了以学校教师为主、校外专家为辅的多元化师资队伍。

（三）学生培养更见成效

注重选苗与保苗工作相结合，注重将兴趣激发与竞技技能的训练和提高相结合，注重将特长生训练与校运动队训练和比赛相结合，注重将特长生训练与文化成绩提高相结合。重视与联盟校的深度合作，在联盟校合作章程中单独列出了体育合作项目，同时注重科学安排文化课程的学习与补习，将体育训练对文化课程学习的影响降到最低。每年的田径运动会、校园健康节，让更多学生找到适合自己的平台，让体育特长生走到舞台的中央，体验成功的喜悦。他们的自信自强也激励了其他学生，进而改变了校园精神风貌，推动了学校的良性发展。

（四）理论研究成果显著

为给体育工作提供足够的理论支撑，学校在论文撰写和课题研究等教科研工作中向体育工作倾斜，目前学校与体育相关的课题有4个。课题"体教融合催生高水平体育人才"成功申报泰州市卓越教育体系培植项目，并连续两年获奖。学校体育成就多次被省市各类媒体进行专题报道，多篇关于体教融合的实践论文在《人民教育》《教育家》《中国教育报》等报刊发表。

学校先后获得全国青少年校园篮球特色学校、全国青少年校园足球特色学校、江苏省体育传统项目学校、泰州市体育传统项目学校、泰州市普通高中"体教融合"特色学校等多项荣誉称号。校园内运动氛围日益浓郁，运动员每天训练，成为一道亮丽的风景，自强不息的运动精神成为泰州三中学生的标签，学生身体素质提升明显，各项监测指标进步喜人。

学校通过体教融合实践探索，在育人方式上取得了突破，丰富了学校办学品质和内涵，让学生找到了"适合自己"的发展路径，也吸引了省内外多所学校前来学习取经，被中国矿业大学、苏州大学等高校授予优质生源基地的称号。学校于2023年被评为泰州市青少年体育"5621"特色学校；其中篮球项目为市队校办，向全市招生；与勇晟篮球俱乐部签订合作协议，成为江苏省青少年篮球训练基地。学校还将以新一轮规划为保障，建设体育馆，打造游泳和击剑项目，引领学校体育面向未来、科学发展、特色发展、创优品牌，并通过深入推进体教融合，帮助学生强身健体，为他们的幸福未来奠基！

【作者简介】孙粉林，男，江苏省泰州市第三高级中学见习校长，高级教师。

专题：弘扬教育家精神的学校实践

教育家襟怀，孺子牛本色：涵育教师教育家精神的学校实践探微

◎ 范　桢／江苏省苏州市草桥中学校

摘　要　涵育教师教育家精神的学校实践有两条路径。首先是理性的、概念的、思辨的，以教育家襟怀，怀抱涵育教师教育家精神的自觉追求，唤醒新时代教书育人教师的精气神。其次是感性的、形象的、实证的，以孺子牛本色，积跬致远教师教育家精神的躬行实践，做好三件大事：一是照着讲，构塑教育家精神共相；二是接着讲，构建专业素养共修路径；三是共同讲，构架教师共同发展基本路线。"三讲"相辅叠加、相成支撑，共同完成教育家精神的自觉追求。

关键词　教育家精神　学校实践　教师队伍建设

"得失塞翁马，襟怀孺子牛"，是教育家、草桥中学校校友叶圣陶的人生理想，历经岁月洗礼，薪火相传，嬗变内化为新时代草桥世范师风：教育家襟怀，孺子牛本色，成为涵育教师教育家精神的弘道追求和实践自觉。

一、教育家襟怀：怀抱涵育教师教育家精神的自觉追求

从"四有"好教师、"四个引路人"、"四个相统一"、"大先生"到"教育家精神"的进一步表述，标志着习近平总书记关于教师队伍建设重要论述的不断深化，标志着党对教师队伍发展的认识不断深入，是新时代教师队伍建设的根本遵循和行动指南，给学校日常工作、生活注入了灵魂力量，将精神追求嵌入教师生活的方方面面。

（一）教育家襟怀、教育家精神的内在价值与自觉追求

明确教育家精神，长出新时代教书育人的教师精气神。教师是立教之本、兴教

之源，强国必先强教，强教必先强师。习近平总书记对教育家精神的高度概括和深刻阐释，将传统文化与时代精神高度融合，完整勾勒出新时代高质量教师队伍的精神共相，这是党和国家希冀的"长相"，也是教师个人发展期待的"长相"。如何将教育家精神变成"时代对自己内心状态的最实际的呼声"，长出教育家精神样貌，是学校教师建设的时代命题，是教师群体共同的价值追求。

弘扬教育家精神，唱响新时代立德树人的中国教师之歌。教育家是在课堂实践、课程改革、课题研究等实践中磨砺出来的。他们把教育家精神化到校园生活的每一个角落里，化到每一天的课堂上，化入师生活动的每一时刻。往远了说，他们以教育家的眼光、胸襟、胆识，为人生布局、规划未来；他们以教育家的视角切入人生，让自己站得更高、看得更远、做得更好；他们将教育家精神转化为人生的自觉追求，将教育家精神转化为躬耕教坛的内在力量。往近了说，他们在与学生、家长、其他社会关系的交往中，在每天普通的日常教育教学工作中，时刻以教育家精神为标尺，用爱心、智慧、汗水不断践行教育家精神，始终把从教报国当作终身事业。可以说，教育家是在中国式现代化教育的特色实践中涌现出来的中国新时代教师的优秀代表。

（二）教育家襟怀、教育家精神的实践自悟与行动自觉

弘扬教育家精神，争做时代发展需要的"大先生"。习近平总书记指出，教师要成为大先生，做学生为学、为事、为人的示范，促进学生成长为全面发展的人。"大先生"既是学问之师，又是品行之师，更是教育家襟怀的"大"要求。

首先，应该具有大视野、大境界。要有为党育人、为国育才的大信念，才能更好地引导学生树立坚定的理想信念，志存高远，刚健有为，致力于更高的人生目标，在中华民族伟大复兴的进程中体现人生价值。其次，应该具有大学问、大仁爱。要有"教育强国"的大作为，"十年磨一剑"的专业精神，耐得住寂寞，经得起诱惑，守得住底线，立志做大学问、做真学问。有言为士则、行为世范的自觉，不断提高自身道德修养，影响和带动学生成长。要严爱相济、润己泽人，用爱培育爱、激发爱、传播爱，以仁爱之心守护学生的身心健康。最后，应该具有大气魄、大智慧。要有与时俱进、勇于创新的大行动。知识更新周期越来越短，人才培养的模式越来越多样化。要与时俱进，立足国情、校情，及时更新教学内容、丰富教学手段，更要抓住教育数字化转型的牛鼻子，提升自身数字素养胜任能力和育人智慧。

总之，"大先生"育"大气"学生，建"磅礴"大校，这是新时代草桥人的奋斗目标。

二、孺子牛本色：积跬致远教师教育家精神的实践探微

作为教育家沃土的草桥中学校，曾经涌现了叶圣陶、顾颉刚、吕叔湘、匡亚明等一批批声名显赫的"大先生"，开创了一个时代的精神气象。他们亦是教育的点灯

人，点亮了苏州乃至全国教育人的精神风貌。依照冯友兰所说的"照着讲"，把他们介绍给大家是草桥中学校的天赋使命。但时代发展、国家进步，我们不能仅限于"照着讲"，必须与时俱进，要有所发展、有所创新，要接着他们的话往下讲，"接着讲"。"照着讲"和"接着讲"都很重要，相辅相成、相得益彰。后者需要付出更大的努力，志之所趋，无远弗届。

孺子牛本色，积跬致远，是教育家精神的实践特质。教育家精神的涵育不可能一蹴而就，不可能简单复制，不可能跨越现状跳级发展，不可能以整体进步替代个体发展。"长在讲台，长在班级，长在学研共同体，长出教育家襟怀，长出孺子牛本色。"这是草桥中学校教师教育家精神的成长姿态。实践中有"三讲"：照着讲，构塑教育家精神共相；接着讲，构建专业素养共修路径；共同讲，构架教师共同发展基本路线。"三讲"相互叠加、相互支撑，共同塑造了未来教师、未来学校的精神长相。

（一）照着讲，构塑教育家精神共相

照着讲，就是照着教育家精神、教育家生活方式去反省生活、重构生活，分两步走。

一是编撰《寻根先生》，走进教育家生活。阐释教育家精神的宏大意义固然重要，但教育家更应该成为教师可感知、可理解、可学习的人。通过编写38个叶圣陶教育生活的故事，借故事还原一个真实、可爱、可敬的人，还原教育家工作、生活的精神状态，从多重视角展现叶圣陶真实的教育

人生，立体、全面地呈现叶圣陶的教育生活，而不仅仅是理解、运用他的教育理论和教育思想。

叶圣陶的样子就是教育家的样子。草桥师生阅读这本书时，仿佛在和叶圣陶坐在一起倾心交谈。没有研究压力，不必撰写阅读报告，重在心心相印。偶有心得，可不拘形式，记录、摘抄、批注、日记、随笔、散文、诗词等均无不可。《寻根先生》遍布着与教育家相逢相知的机缘，读着读着，不由自主进入自觉追随教育家的研究者、享用者、实践者、发扬者、传播者等队伍中。

二是打造"教育家墙"，构塑教育家精神共相。实话说，世纪草桥最宝贵的财富集中在"校友苑"。其中最气象万千的板块是"教育家墙"，上面精心编选了12位在草桥学习、工作、生活过的教育家的专题介绍，真实、生动地呈现了这些教育家的精神风采和实践功绩。走进这里，仿佛进入一个"教育家会客厅"，对过眼神，确认信念，然后由衷发出和司马迁一样的感慨："高山仰止，景行行止。虽不能至，然心向往之。"

学校还有"圣陶讲坛""圣陶书屋""圣陶研习所"三大项目。利用每学期、每月的"书记公开课""教育家陪读""师风师德报告"等活动，让广大教师充分认识到弘扬教育家精神不仅是教育家和优秀教师的事情，更是每一位教师的行为准则和奋斗方向；教育家精神不仅存在于轰轰烈烈的事迹中，也体现在持之以恒对学生的关爱上，自觉将教育家精神大我的自觉追求转

化为小我的实际行动。

（二）接着讲，构建专业素养共修路径

接着讲，锚定新时代教育家精神要求，构建高质量教育生活和专业路径，也分两步走。

唯有通过职业实践、专业修炼过程，教师才更有可能发自内心地接受教育家精神，进而形成教育家实践素养的集体认同。因此，学校为教师创造了实践机会，搭建了实践平台，让教师在行动中历练教育家专业素养和教书育人能力。

第一步是推出"教育家方案"，提质教育家精神实践转化的基点。为让教育家目标增添实现感和实践感，学校拟定《让教育家精神成为教师的自觉追求草桥方案》（以下简称《方案》）。为尽可能地包容更多的智慧和力量，学校请三个团队来"平行撰写"方案。三个团队各有其独特价值。一是"叶圣陶'四有'好教师"团队，属专业"省队"，以团队内教师自身成长的活经验提供专业文本。二是外聘专家团队，从"局外人"角度，看学校教师发展，提出建议文本。三是混合团队，由教师发展中心、教学处、德育处组成，立足学校发展和学生需求，梳理实际问题和可支配资源，编制发展规划文本。最后，"省队"统揽，吸收各家优势，借鉴《江苏省"四有"好教师团队建设指南（修订）》《关于苏州市中小学学科带头人推荐评选工作的通知》等系列文件，融合成一个目标远大、切实可行、符合逻辑的"三版合一"文本，既关注教师应做什么，应努力方向，更关注教师想达到的目标，以及达到教育家目标

的适配路径和适宜条件。

实际上，制定《方案》是一个强化教师"教育家襟怀"认同，打造"孺子牛本色"可为路径的实践循证过程。最佳效果是实现一人一"案"，随时调整内容，当然，这还需要社会多方合力，营造教育家不断涌现的社会文化和制度环境。

第二步是创建"圣陶研习所"，提升教育家专业素养和教书育人能力。主要由市学科带头人及骨干教师组成"校本研修"组织。正如钟启泉教授指出的：唯有扎根自律性与创造性的教师研修，才是引领教师从"教书匠"走向"教育实践家""教育改革家"的康庄大道。"圣陶研习所"以"研培写"为核心，直指教师的教研转化能力和成果推广能力，包括躬耕课堂、躬耕班级管理、躬耕教改教研的深化研究；示范、引领全体教师的教学设计与反思能力的深化研究。其研修形式有自主研修、对话研修、年级组研修、教研组研修、全校交流分享、跨校联合研修等。其研修方法：一是融入学校活动中，包括参与专题讲座、征文、教改成果展示等；二是"圣陶研习所"专修活动，包括论文写作、课题培训、项目申请等；三是个人活动，包括理论学习、实践研究、案例写作、校外交流与培训等。

"圣陶研习所"成立的意义在于，搜集鲜活案例，提炼精髓精要，汇聚独到见解，勾勒"身边教育实践家"群体的特征，探寻教育家精神的根脉，诠释教育家成长的基本规律。研究、培训、提炼与成果转化，多向联动，携手共进，共同发展。

（三）共同讲，构架教师共同发展基本路线

共同讲，一起寻找走得快且走得远的发展路径。让发展快的一群人带动发展慢的一群人共同发展，探寻普适发展路线。

一是组建以青年教师为核心力量的"圣陶书屋"。45名青年教师组成"学研共同体"。其主要活动有阅读叶圣陶相关文献、传播思想火种，应对实践挑战、探索解决方法，撰写案例、讲述故事，淬炼、推广成果，等等。阅读文章一周报，读书笔记半月谈，一月一次分享感悟，一学期一次提炼汇总素养赛。它已成为青年教师专业培训、实战、发展的孵化基地。

二是"叶圣陶'四有'好教师"团队建设引领。此团队汇聚了全国模范教师、江苏省特级教师、正高级教师、江苏省教学名师、苏州市名教师、青年拔尖人才、学科带头人等教育实践专家和有发展潜质的青年教师。简单来说，"叶圣陶'四有'好教师"团队建设，通过坚持师德为首、探索综合育人、促进城乡一体、创新协同机制、建设团队文化、加强引领辐射6个方面18条具体举措，探索解决教育家精神现实转化策略，示范、引领、探寻教师发展的"第三条路"。学校因此取得了一些成效，涌现了一批优秀成果。教师获荣誉数量和等级、学校课题立项数和等级、发表论文数和等级、赛课获奖数和等级逐年增长，实证了教师专业发展活力和教书育人能力的不断提升。2023年，"叶圣陶'四有'好教师"团队荣获姑苏区优秀教师团队；2024年，"叶圣陶'四有'好教师"团队领衔人在江苏省学术年会上做了团队建设经验交流发言。团队领衔人获评"苏州市姑苏教育青年拔尖人才"，团队成员"学校师德师风典范"许宏云荣评"全国模范教师"，"学校教育科研模范"丁银杰荣评"江苏省教学名师""苏州市姑苏教育领军人才"，"学校教书育人示范"许决英等四人获评"苏州市中小学学科带头人"。"叶圣陶'四有'好教师"团队的"三范"教师，让教育家精神立起来、活起来、热起来，可亲可感、可学可鉴、可信可行，让更多好教师得以涌现，让好教育得以发生，切实以教师之强夯实教育强国之基。

总之，教育家精神是新时代学校工作的出发点和归宿，弘扬教育家精神是学校高质量发展的核心布局，是强国强校强师建设的重中之重，任重而道远，需要我们在继承、践行、涵养、弘扬教育家精神的过程中，开阔视野、尊重规律、躬身实践，真正办好人民满意的教育。期待着在此过程中涌现出一批又一批新时代教育家型教师。

【作者简介】范桢，男，江苏省苏州市草桥中学校党委书记，高级教师。

臻美育人：教育家精神的传承与实践

◎ 夏静洁／江苏省江阴市实验小学

摘　要　为践行顾明远先生的教育思想，弘扬教育家精神，江阴市实验小学积极探索教育家精神融入新时代教师队伍建设的实践路径，凝练精神文化，搭建发展平台，浸润校园环境，生动传承仁爱之心和弘道追求；推进"先锋党建"，组织"美谈师问"，站好"臻美讲坛"，情满"公益社区"，涵养实践理想信念和道德情操；以项目实施为载体，于校园中体现育人智慧和躬耕态度，不断探索综合育人新方式，培育高素质专业化"臻美教师"。

关键词　教育家精神　"臻美"好教师团队　臻美育人　顾明远

江阴市实验小学（以下简称"实小"）赓续百年文化，聚焦"臻美育人"，始终以儿童立场和审美教育为核心，追求"立教育之真，塑人格之美"的育人境界。

为弘扬教育家精神，践行顾明远先生的教育思想，学校依托第二批"四有"好教师省级培育团队（"臻美"好教师团队）项目，积极探索教育家精神融入新时代教师队伍建设的实践路径，培育高素质专业化"臻美教师"。

一、仁爱之心与弘道追求的生动传承

作为从实小走出去的教育家，顾明远先生以耕耘教育的亲身实践生动诠释着教育家精神，以质朴而动人的言行让"大国良师"形象深入人心，影响着实小的每位教师，践行、传承生生不息的教育家精神，争做新时代的"大先生"。

（一）凝练精神文化，丰富教师发展内涵

"没有爱就没有教育"，这是顾明远先生的教育信条。学校从顾明远先生的精神思想中探寻基因，提炼学校文化精神，将"臻美"内涵清晰化、具象化，融入实小师生的言与行、血脉与气质中，聚力打造"臻美"好教师团队，激励教师日臻"四有"之本，行美"三范"之路，着力打造一支有道德、有修养、有能力、有担当、有情趣、有情怀的教师队伍。

通过建构、宣示、释义、对话的方式，不断丰富"臻美"好教师团队文化，并且进一步内宣外扬，延展臻美文化的意蕴，从而塑造教师共同的价值观和使命感，共筑凝聚力和成长力，焕发团队及个体的精神与活

力，让实小的每位教师将教育家精神从牢记于心转变为内化于行，不断推动、引领全体教师发展。

（二）搭建发展平台，丰厚教师成长土壤

顾明远先生认为，有好教师才有好的教育，而每位教师都能成为好教师。学校注重引领教师发展，成立教师发展中心，搭建"臻美教师学苑"，架设"入格、升格、风格"三级教师发展梯队，并依托研学营工程、大学科组工程、名师工作室工程三大工程，为教师搭建分层式共生平台。

以"臻美"好教师团队为纽带，建构臻美教师团队活动体系，优化臻美教师发展的流程，形成臻美教师实绩评价机制。从个体和集体两个维度双向构建，协同赋能，促进专业发展与学科发展相融合，个体活动与团体活动相结合，形成系统化、创新化、多样化的教师研训体系，引导教师过专业化的教育生活，为更多教育家、"大先生"的成长培植更厚实、更肥沃的土壤。

（三）浸润校园环境，丰盈师生臻美生活

校园的各个角落都有着顾明远先生的题字，于潜移默化中影响着实小师生。校园充分彰显了学校素质教育的发展目标：学生好奇好学、多才多艺，教师乐教乐创、多才多艺。

学校坚守儿童立场，依托"儿童创造美丽校园"工程项目，强化小学与幼儿园的双向衔接，建造"童声绘"绘本长廊和朗读亭，将南校区打造成一座绘本童心园；

升级改造"一馆二廊三苑"及各音体美专用活动室，让学生处处感受艺术的气息，将北校区建造成一座艺术的殿堂；让学生自主设计建设"智慧谷""一廊花事""小兔家园"等场域，使学生的奇思妙想变为现实，将校园创想成一座自娱的成长社区。于环境浸润中，擦亮教师以文化人、培根铸魂的精神底色，引领学生增强放眼世界、胸怀天下的思想自觉。

二、理想信念与道德情操的涵养实践

教师既是经师，又是人师。教师的职业不仅仅是传授知识，更重要的是育人，要把学生培养成有理想、有本领、有担当的时代新人，因而教师本身就应该有高尚的师德师风，言传身教，以身作则。学校注重提升师德师风涵养，实施铸魂工程，厚植教师的精神自觉。

（一）推进"先锋党建"，点燃红色引擎

坚持以教育家精神来引领激励学校教师，以实际行动擦亮"臻美"党建品牌：开展《"党建＋"工程："臻美"好教师团队建设的探索与实践》项目研究；开建课堂主阵地、街道红基地、英烈纪念地等"先锋阵地"；开设党员展课、党史微课、书记党课、专家宣课等"先锋讲坛"；开展入学服务、帮扶服务、社区服务等"先锋服务"，切实发挥党员的先锋模范作用，以高质量党建引领新时代育人工作。

（二）组织"美谈师问"，擦亮精神底色

组织"美谈师问"沙龙活动，依托

"学习强国""臻美读书会"等平台，让教师与名人、大师对话，借鉴陶行知、顾明远等教育家的教育智慧，学习教育家的人生智慧、做人品格、行事方式，在对话交流中厘清人生的价值与方向，坚定教育的理想与信念；在思考碰撞中将理念转化为自己教育教学的实践，拥有教育的情怀与格局，心怀仁爱，全心育人。

（三）站好"臻美讲坛"，筑牢信仰基石

依据学校办学愿景及教师队伍建设目标，组织全体成员共同制定"臻美"好教师团队的建设规划，明确奋斗目标。通过"学习强国"等平台和实小"美谈师问"等沙龙活动，与名人、大师对话，厘清人生的价值与方向，坚定教育的理想与信念。开设"臻美讲坛"，让团队成员走上宣讲平台，从近处、小处、细处发现并传播身边教师的闪光点，分享自己的育人故事，宣传师德优秀典型事迹，以美求真，以美向善，以美立人，传递并影响每一位师生，逐步形成精神文化支撑体系，并转化为育人的使命和责任。

（四）情满"公益社区"，践行使命担当

组建教师志愿者队伍，促进家校社联动，开设公益课堂，依托"互联网+"拓展公益空间，组织教师积极参加志愿服务活动，创设新型、多元、畅通、无边界的育儿公益形式，形成"臻美"好教师团队的公益品牌，使各项实践活动在整合中实现效益最大化，弘扬实小教师的博爱和奉献精神，在发挥示范、带头、辐射等作用的

过程中，切实提高教师的成长速度。

三、育人智慧与躬耕态度的校园体现

教育家精神最根本的是要培养教师的改革创新精神，"坚持为党育人、为国育才"，要培养能够适应未来社会的人才。

学校聚焦破解新时代综合育人难题，以项目实施为载体，引领全体教师协同学习、分工合作、共同研究，形成项目研究激励个人成长、个人成长推动团队发展、团队发展反哺个人成长的"1+X=N"效应，从而激发教师的育人智慧，涵养教师的躬耕态度，走出一条从学科育人到综合育人的跨界成长之路。

（一）聚焦"五育融通"，深化课程教学改革

学校依托江苏省教育科学"十三五"规划课题"儿童美育课程的开发与实施"，不断探索实践，将美的立场与儿童立场进行"视域融合"，构建了融通"五育"的儿童美育课程育人理论体系，探索了"一核四美四合"的儿童美育课程体系，从而对综合育人进行了科学、高效落实。

实小教师根据自己的学科、研究兴趣等，选择一类课程，组建小团队，在"臻美"好教师团队的带领下，结伴式行走于"四美驿站"，带领学生开启"臻美旅行"。如在"智美"驿站，教师根据学生的年龄特点，挖掘学科中美的元素，建立了校本化美育素养年段标准；在教学中创设美的情境，引入绘本、游戏、思维导图等，让学生感受学科知识的语言美、思维美、文化美，引导学生求真、求善、求美。

（二）相约"时光驿站"，创新幼小衔接发生

依托江苏省基础教育前瞻性教学改革实验项目《绘本时光驿站：小幼衔接问题的课程解决方案》，通过剖析幼儿园课程学习与小学课程学习的特点，学校打造儿童学习空间，构建绘本"时光驿站"，以幼小衔接课程观为统领，实施"绘本＋"课程，形成一套促进发展的学习评价体系，让课程真正服务于儿童，促进儿童的发展。

实小教师围绕"四大适应"问题，开发"绘本＋"课程群案例，基于真实情境的问题解决学习形成《时光驿站·臻美少年习惯养成记》，立足儿童立场打造"智 hui 树""绘本长廊"等学习场域，让学生形成环境熟识，获取生活常识，掌握关系要识，习得领域知识，在衔接中得到真正的发展。

（三）点亮"臻美"行动，推进艺术浸润校园

学校积极推动艺术教育综合改革实践，依托江苏省课程基地与学校文化建设项目"小学艺术课程的'臻美'行动"，遵循儿童美育发展规律，注重艺术课程建设与实施，以艺辅德、以艺启智、以艺激情，拓宽师生成长的美育空间，提升师生的艺术修养和审美素养。

实小教师立足课程内容，根据教材特点、学生需求，挖掘音乐、美术等艺术学科和其他学科之间的融合因素，全方位地提升艺术的综合魅力，更好地帮助学生直观地理解美的内涵。如音乐与美术融合课《萌鸡小队》，设计了"参加萌鸡家族舞会，争做最美萌鸡"的项目化学习活动，在美术课中融入了音乐的学科元素，引导学生绘制萌鸡头饰，装扮萌鸡服饰，唱萌鸡乐谱，跳萌鸡舞蹈，亲历发现美、欣赏美、创造美的过程。

（四）开启"臻美"旅行，培塑儿童成长样态

学校启动实施江苏省品格提升工程精品项目"'臻美'旅行：儿童敦品励行的美育实践"，通过建构主题美育场域的生态系统，勾勒出具有学校特色的儿童德育课程体系，把学生六年的校园生活化作一段成长的旅程，让"臻美"旅行成为学生德性生长的时光之旅、实践之旅和大美品格的涵育之旅。

实小教师以"臻美旅行"为主轴，开发"半亩花田"劳动主题课程，提高学生劳动意识；打造"阳光小屋"积极心理学院，有效培育学生的心理健康素养；组织开展欢乐游戏闯关园、师生艺术体操比赛、锡剧韵律操、篮球联赛等大型艺体项目活动，促进学生全面发展。

江阴市实验小学始终秉承"臻美"文化，弘扬践行教育家精神，坚持寻美向美而行、悟美驭美而进、创美成美而立，为新时代学校教育描绘实小样本，真正办一所儿童喜欢的学校，让儿童在有故事的校园里笑着生长！

【作者简介】夏静洁，女，江苏省江阴市实验小学教育集团党总支书记、总校长，江阴市名校长，江苏省教育家型校长创新培育对象，江苏省新长征突击手，无锡市优秀教育工作者，高级教师。

"心有大我"的内涵解读及行为表现

◎ 高修军　胡　纯／江苏省邳州市南京路小学

摘　要　教育家精神中的"心有大我、至诚报国的理想信念"具有奠基性、统领性的特点。"大我"将个人的荣辱与国家、民族的命运联系在一起。实现"心有大我",需要高位的课程思维,做到为党育人、为国育才;需要深厚的教育情怀,在做事的过程中厚植集体感;需要远大的理想抱负,能担事、能成功、可信赖。

关键词　心有大我　教育家精神　教育情怀

"心有大我、至诚报国的理想信念"是教育家精神的第一条内涵,具有奠基性、统领性的特点,超越了职业界线,为各类从业者明确了须共同恪守的道德标准和行为准则。"心有大我"中的"大"是相对于"小"而言的,"小我"表现出"本我"的生存性、原始性需求,而"大我"则是在"自我"存在性基础上的再升级,到达"超我"之境,把个人的荣辱与国家、民族的命运联系在一起。作为弘扬教育家精神的教师,"心有大我"更有其特殊性。

一、"心有大我"需要高位的课程思维

教育是立国之本、强国之基,新时代教育强国战略正在稳步推进,为党育人、为国育才是教育工作者神圣的使命,要从国家战略高度理解教育、实施教育、发展教育。

(一)保证国家课程的高质量实施

国家课程体现了国家意志,是"培养什么人、怎样培养人、为谁培养人"的主要载体,通过国家课程不仅要传递给学生丰富的知识、发展学生的智慧,还要树立文化自信、厚植家国情怀。在课程实施过程中要严格落实"开足、开全、上好",充分发挥每一门课程的育人作用,引导学生树立正确的世界观、人生观、价值观,热爱世界,热爱知识,悦纳他人和自我。

作为教师,要认真解读国家课程,挖掘课程的核心理念;用心实施课程,组织学科实践,在实践活动中育人;不断开发和利用课程资源,完善课程体系。为保证课程实施的质量,教师要持续更新教育教学理念,提升学科核心素养和数字素养,积极进行教育教学方式的探索和创新,把"双减"政策落到实处,让每个学生拥有优

良的品行、强健的体魄、创新的思维。

（二）致力国际视野的学术性追求

教育家精神需要国际视野，汲取各国优秀文化和前瞻性学术成果，不断更新专业素养，形成教学风格，提炼教学主张，贡献学术力量。当今世界处于百年未有之大变局中，在新形势下，机遇和挑战并存。教师要有开放的胸襟，了解世界教育的发展格局，在中国与世界的积极互动之中走出有中国特色的教育强国之路，将前沿学术成果向教育实践转化，传承孔孟教育伦理，全力发扬陶行知、叶圣陶等教育家的实践智慧。在此基础上，用开疆辟土的勇气和创新精神来加强新时代的中国教育，用学术的力量点燃教育，实现教育强国之梦。

目前，教育数字化发展越来越快，为学术资源共享、学术观念创新提供了广阔的空间，"心有大我"需要教师勇于突破自我，以研究者、开创者的角色从事教育教学工作，遵守学术规范，捍卫学术尊严，打造具有中国气象、世界格局的教育生态。

二、"心有大我"需要深厚的教育情怀

"心有大我"需要培植对教育的深厚情感，需要树立育人为本的价值观念。情感的建立不是通过口号、标语，而是需要通过为教育做事而生长出来的动态过程。做事是建立在"问"和"为"的基础之上，"问"是基础，"为"是方向。

（一）为理解教育而问

理解教育的本质、目标、内容、原则、方法，恪守教育的自然、社会和精神属性，并且将其与学生的年龄特征、个性差异和社会需求结合起来，为学生的全面发展而教，为民族的全面复兴而教。不断省思教育影响力在学生身上得以怎样呈现；通过什么样的证据来证明学生得以全面、和谐和可持续发展；我们如何基于数据研究并改进教育行为，进而形成教育的使命感、责任感。

理解教育需要理解学校的办学历史、文化传统、办学理念，理解学校重点工作背后的思想和理念。理解需要观察、学习和思考，深切地懂得自己和他人在学校发展过程中应发挥的作用，以此确立自己的努力方向，让自己成为学校发展重要的一环。理解教育还要理解学生的所有、所需和所愿，建立互助共进的人际关系。

理解基于参与，教师要参与校园文化的创建、校园绿化的设计、学校活动的开展，在参与的过程中留下自我的印记，一亭一栏、一花一草，处处都要镶嵌着自我思想的光芒、智慧的火花，从而建立起与学校的密切关系，让学校成为自己情感生长、精神发育之地。

邳州市南京路小学的"我爱校园，我爱家乡"浅浮雕文化墙的创作就是由教师创意完成的，他们先提取家乡、校园的标志性元素，然后重新布局，最后用艺术手法进行表现。巍峨的隆鑫阁、蜿蜒的大运河、壮观的红枫园、庄重的钟楼，每一处景观都诉说着邳州的历史和文化；婷婷的碧莲、游动的红鲤、绚烂的向日葵、优雅的知新亭，每一处景观都散发着学校育人的理念和愿景。把学校平面图描绘到墙面

上，将行正楼、行知楼、行新楼一字排列，书香路、致远路一纵一横，行正门、知新门、共育门三门洞开，知新园、种榉园、百草园点缀其中。创作的过程是认识和理解家国的过程，也是建立家国情感的过程。

（二）为发展教育而为

个人的发展与教育的发展融为一体，"心有大我"需要摆脱纯自我的观念，把自己融入教育发展的洪流之中，在个人和教育的彼此成就之中有所作为，不断进行新的教育教学方式的探索和实践，形成同事间更多的公共概念、公共话语，让合作建立在共同的价值追求之上。

邳州市南京路小学全学科推进"三段转化式"教学，以"情境学、合作练、对比讲"为基本教学结构，以项目式学习为基本实施策略，实现知识向素养的转化、习题向问题的转化、教向学的转化。为保证课堂改革的深入，我们用项目案代替传统的备课方式，把通过研讨形成统一项目作为备课过程中的关键环节，基于统一项目的备课，教师有了共同的话语体系，保证了研究的深入、有效。我们还成立了"三段转化式"教学课题研究共同体，围绕这一专题实现了全校全学科个人子课题研究。每个教师成为学校发展中重要的一分子，每个教师的作为都将给学校的发展注入强大的力量。

教育重在育人，进而提升国民素质，实现强国之梦。教育情怀是建立在使命之上的伟大情怀，个人的追求要与学生、学校、国家的发展同频共振，用热情和奉献托举起教育事业。

三、"心有大我"需要远大的理想抱负

"心有大我"是责任感、使命感的表现，是面对困难时舍我其谁的勇气。每个教师个体都是学校、国家未来的奋斗者，无论是教学、教研的教师，还是管理岗位上的教师，都要拥有远大的理想抱负，成为能担事、能成功、可信赖的教育者。教育者是个复合型的角色，不仅是学术专业的领军者，也是教育关系的建构者，其中还包括管理者和合作者的角色。

（一）管理者：为课程实施赋能

教的实质在于管理，教师需要在课程实施过程中做好管理者角色。这个管理者不同于行政上的管理者，而是具有三方面的内涵。一是管理好知识，因为教师是知识的传播者和创新者，需要带领学生一起理解知识、运用知识、创造知识，把知识上升为经验和素养，借此来理解世界、参与世界，打通与世界之间的联系。二是管理好教学，教的实质从一定层面上来讲就是管理，具体表现为引发、促进和维持学习行为。引发学习指的是让学生学得有动力；促进学习指的是让学生学得有进阶；维持学习指的是让学生始终保持积极的学习状态。管理教学是教师对职业的专业化认同。三是管理好自身的情绪和专业发展，对自己充分接纳与和解，在此基础上锚定专业发展的方向，用积极的、正面的信息和能量影响他人、教育他人。

（二）合作者：为教育生态助力

教师需要建立多维的合作关系。与学

生建立合作学习关系，创造社会性实践情境，组织学科实践活动，与学生一起发现、验证、探索世界的奥秘和美好，与学生一起经历解决问题的过程，在共同做事情中成长，成为学生坚定的合作者、共情者。与同事建立合作共同体，围绕着共同概念、共同话语、共同主题议事、谋事，研究学生、研究知识、研究学术，让每一次研讨都焕发出信息交换、专业共进、情感发育的能量。与家长建立合作共育关系，理解家长的诉求，给予家长充分的安全感、信任感，为家长提供前沿的家庭教育理念、具体的家庭教育方法，共同为每个学生打造专属培育方案，和家长一起成为学生成长的陪伴者、学习者；积极听取家长的意见，设立家长开放日，为家长参与学校工作积极创造条件，共同为学生成长保驾护航。

"心有大我"其实质是处理好个人与集体、国家的关系，任何个人的发展都是集体和国家发展的缩影。其"大"在于有国家战略、国际视野，增强教育的神圣感、使命感，这是立德树人之基；其"大"在于有集体观念，将个人发展与学校发展紧密相连，积极参与到学校的各项工作中，在工作之中凝聚共识，理解学校、建设学校、发展学校；其"我"在于对自我有准确的教育者定位，会管理、会合作，形成良好的社会人际关系及学术空间，独立思考、团结合作、勇于作为，脚踏实地地践行教育家精神。在"心有大我、至诚报国的理想信念"的统领之下，道德情操才会有所依，育人智慧才会有所为，躬耕态度才会有所行，仁爱之心才会有所传，弘道追求才会有所归。

【作者简介】高修军，男，江苏省邳州市南京路小学党支部书记、校长，"苏教名家"培养工程培养对象，"333高层次人才培养工程"培养对象，特级教师，正高级教师；胡纯，女，江苏省邳州市南京路小学政教主任，高级教师。

新质生产力引领职业学校"双师型"教师发展的价值意蕴、现实困境及实践路径

◎ 张　恒／常熟市滨江职业技术学校

摘　要　"双师型"教师是推动职业学校高质量发展的重要人才力量和技术支撑。新质生产力引领"双师型"教师在专业建设、开展技术服务、创新人才培养模式等方面形成新的价值意蕴。聚焦新时代下"双师型"教师发展存在的职业精神与团队合作意识不强、专业知识及实践技能更新不快、专业研究与运用新技术水平不高等现实困境，本文提出以名师工作室为引领，通过构建一体化的发展平台、校本化的研修机制、情境化的行动方案，进而激发职业学校教师、行业企业专家参与教育教学改革的实践活力和创新能力，形成顺应新质生产力发展要求的"双师型"教师成长路径，整体提升职业学校"双师型"教师队伍素质。

关键词　新质生产力　"双师型"教师　名师工作室

习近平总书记强调："发展新质生产力是推动高质量发展的内在要求和重要着力点。"2024年《政府工作报告》将"大力推进现代化产业体系建设，加快发展新质生产力"作为年度首要工作任务，新质生产力成为中国经济发展的关键词。[1]职业教育具有与普通教育不同的类型特征，有着鲜明的行业属性，在培养与新质生产力相适应的新型工业化人才的过程中发挥着重要作用。因此，具有高素质、专业化特征的职业学校教师队伍是培育新型产业人才的基础，是助推新质生产力发展的核心力量。

2019年，教育部、国家发展改革委等四部门联合印发《深化新时代职业教育"双师型"教师队伍建设改革实施方案》，提出要突出"双师型"教师个体成长和"双师型"教学团队建设相结合，进一步提高教师的教育教学能力和专业实践能力。[2]以新质生产力引领职业学校"双师型"教师发展，是职业教育"跳出教育看教育"、

深化教学改革的前置性工程，也是职业教育现代化的基础性工程，对提升新时代职业教育供给水平、支撑经济社会发展和提高国家竞争力具有重要意义。[3]唯有将"双师型"教师发展与新质生产力相融合，才能实现职业教育的高质量发展，进而培养更多适应产业转型升级需求的高素质技术技能型人才，加快实现中国式现代化。

一、新质生产力视域下职业学校"双师型"教师发展的价值意蕴

（一）技术创新驱动下教师能力建设的新使命

在扎实推动教育强国建设的背景下，职业教育要增强对经济社会发展的服务能力。然而，职业教育与行业企业之间依然存在一定的"间隙"，职业教育对企业需求的回应还不够。新质生产力带来的技术创新驱动教师能力发生新的变化，赋予教师新的使命。一方面，"双师型"教师要持续更新自身知识和能力体系，弥补从大学直接到职校的技术实践短板，具备把握新质生产力发展趋势和未来需求，对产业发展的前沿动态、市场需求、技术创新等方面具有敏锐的理解力、洞察力；另一方面，新时期"双师型"教师要主动适应时代的发展变化，以项目建设为载体，融入校企合作团队，整合优势资源，能将不同学科的知识和方法有效融合，能将专业知识、技能和实际应用相结合，具有丰富的应用教学实践，具备与行业企业协同破解技术难题等解决实际问题的能力。因此，职业学校能否与新型工业化有效融合，从而助

推经济高质量发展，高质量的"双师型"教师起着重要作用。

（二）高质量发展理念下对人才培养的新要求

在新质生产力发展过程中，技术升级和产品的创新迭代会进一步加快，对专业化和创新型人才的需求也将更加迫切，这些将成为引领职业教育改革和教师发展的重要动力，因此，对"双师型"教师提出了更新的要求。根据江苏省统计局数据，在2024年现代产业升级过程中，聚焦江苏"1650"产业体系，在新质生产力领域还存在相当大的人才缺口，尤其是人工智能、智能制造、新能源、生物医药等方向的高技能人才需求巨大。当前，职业学校传统的专业设置与新质生产力人才需求之间的匹配度还不够。为培养适应新质生产力的人才队伍，职业教育要努力随着产业调整专业，提供更多的高素质技术技能型人才，为技术创新提供有效的人才保障和智力支持。

（三）产教融合背景下教学创新发展的新挑战

随着新时期产教融合向纵深推进，教学创新发展与新质生产力不相适应的问题逐渐凸显，如教学标准专产脱节、教学内容校企"合而不深"等。只有对课程内容、教学方法及时进行创新，才能有效培养学生的技术应用能力、问题解决能力和终身学习能力，才能确保人才培养的质量和效率能够满足新质生产力的需求。[4]因此，职业教育教学的创新发展迫切要求一支具有创新意识、改革精神和精湛业务能力的代表性团队，作为"三教"改革的"排头

兵"和产教融合的"先遣队"来铺路架桥，创新教学实践中的各种新形态、新方法、新路径，进而推进"双师型"教师的理念转变、知识更新、技能提升，提高教师参与研制专业人才培养方案的能力、组织参与项目式教学的能力以及运用现代教育理论和方法开展教育教学的能力。

二、新时代职业学校"双师型"教师发展的现实困境

近年来，职业学校十分重视教师团队建设，通过"内培外引"建立了一批"双师型"教师队伍，但"名教师、骨干教师、产业导师"的队伍结构不尽合理，培养路径不够清晰。面向教育强国战略与服务新质生产力人才供给，职业学校"双师型"教师在高素质、专业化、创新型三个维度依然面临现实困境。

（一）素质维度：职业精神与团队合作意识不强

职业学校"双师型"教师有特殊的跨界属性，既要具备理论教学能力和实践教学能力，又要兼顾专业建设和课程教学改革，还要对接产业、服务企业技术转型发展。一方面，新质生产力要求教师具备跨学科能力，具有主动适应时代发展、敢于自我超越等职业精神，为学生成长为新型劳动者树立榜样和示范；另一方面，在"双师型"教师队伍结构上，学校在招聘教师时更倾向于高层次人才，来源方式较为单一，学校难以长期、稳定地聘请具有丰富经验和实践能力的企业大师、工程师来校任教。在校企协同育人的过程中，普遍

存在校企人员之间、学校教师之间分工不明确、合作意识不强的问题。

（二）专业维度：专业知识与实践技能更新不快

在加快发展新质生产力背景下，催生出更多交叉学科、跨界专业，岗位要求和职业标准变化很快。当前的教师培训体系侧重知识理论传授，缺乏实际工程应用体验，导致教师对企业岗位需求、用工情况、操作规范等认知不足。由于学校产教融合不够深入、工程实践环节薄弱等，导致教师专业知识、能力体系与企业实际岗位需求脱节，专业知识更新不快。尽管学校培养了一大批"双师型"教师，但能够紧密对接职业岗位、将实践中的体验和感悟迁移到课堂上的真正的行家能手还不多，教师的实践技能还不够精湛。[5]

（三）创新维度：专业研究与运用新技术水平不高

创新创造要求教师不断探索未知，置身行业技术前沿，熟练掌握数智化工具和使用方法，并将其应用于教学、管理和科研创新中，以适应数智化时代的教育变革。[6]由于缺乏适合的创新实践平台，企业参与培养"双师型"教师的机制偏少，校企人员双向流动不畅，教师实际参与项目实践的机会不多，新技术、新工艺、新标准在教学中的应用成效不明显。同时，在信息化、数字化教育环境下，教师对新形态教材的开发思路、开发方法、能力素养融合以及具体应用都缺乏经验，不能根据学生的特点将专业知识灵活地运用到教学活动中，教学普遍存在教学形式单一、

30 学校管理 2024 No.5

技巧呆板等问题，教材开发能力亟待提高。

三、新质生产力视域下职业学校"双师型"教师发展的实践路径

面向苏州市"1030"产业体系中的高端装备集群发展，学校成立智能制造"双师型"名师工作室，并被省教育厅立项为江苏省职业教育"双师型"名师工作室。有鉴于此，学校整合校企资源，以"双师型"名师工作室建设为载体，通过构建一体化的发展平台、校本化的研修机制、情景化的行动方案，推动教师专业成长、教研技术攻关、教学改革示范等协作，形成组织化、制度化的"双师双能型"专业发展共同体，逐步形成引领"双师型"教师发展的实践路径。

（一）立足新质生产力人才培养定位，构建一体化的发展平台

近几年，工作室聚焦本市新能源汽车及零部件产业中高端数控加工、数字化设计与生产、智能制造装备安装与调试等新质生产力领域，通过搭建 3 个发展平台，全面绘就"双师型"教师职业发展愿景。

1. 成立人才培养共同体，坚守技能培训与职业竞赛的主阵地

创新人才培养模式是"双师型"教师发展中的一项重要内容。一方面，学校可联合智能科技产业园、新材料产业园等现代产业园共建现代学徒中心，联合智能制造领域头部企业共建人才培养项目，引进行业先进认证标准，以培育现代学徒和现场工程师为路径，组建跨专业、跨单位教学团队，实施新型工业化人才培养计划；

另一方面，学校可聚焦职工技能提升和职业竞赛，研究开发符合现代产业发展急需的职业技能大赛项目教学改革方案，对专业师生参加国家、省、市级技能大赛开展技术指导，促进职业院校竞赛技能水平提升，形成行业、企业、学生、学校共赢的人才培养共同体。

2. 布局专业发展共同体，打造教学改革研究的实践站

专业建设既是职业学校人才培养的主线，也是"双师型"教师成长的必修课。学校可挖掘所处区域产业优势，对接新质生产力需求，通过整合经济技术开发区、学校、企业在人员、设备、技术、资金等方面的资源，融入智能制造行业岗位技能标准和企业评价标准，将生产实践中应用的新知识、新技术、新工艺、新材料、新设备、新标准融入教材，开发模块化课程及教学资源，促进教学改革成果从积累走向集成推广。

3. 创设产教融合共同体，培育社会咨询与技术服务的智囊团

通过政府推动、校企联动，工作室可结合行业需求和专业特点，引入企业工程技术人员参与职业学校人才培养全过程，以现代化实训基地、企业学院、产业学院、技术创新中心等产教融合平台为支撑，逐步形成校企专业共建、课程共研、师资共培、基地共享、人才共育的融合发展生态。

（二）面向新质生产技术适应问题，构建校本化的研修机制

新质生产力的发展使得社会生产方式、生产组织形式等发生了深刻的变化，这要

求职业学校"双师型"教师的教育教学内容必须与之相适应。[7]针对目前教师跨学科能力水平较低的现实问题，可以依托名师工作室构建校本化的教师研修机制。

1. 建立能力提升体系

通过名师引领、专业负责人帮带、成员分工合作，定期对教学团队成员在技术技能、教学学法、课程开发、信息技术应用等方面开展专项培训，围绕专业核心能力培养，定期开展专题研讨、组内研修、师徒帮带式跟岗实践等活动。通过实施"双师双能"培养计划、团队互助计划、生态课堂改革计划、国际认证计划，构建"双师型"教师能力提升体系，培养适应新质生产力发展的骨干能手，逐级提升教师产教融合水平、教学创新能力和专业实践能力。

2. 开展一体化活动

围绕专业核心能力培养，组织教学团队成员参加职业院校教学大赛、教师技能大赛、职业技能等级认定等竞赛活动；开展智能制造专业人才培养方案设计、课程标准建设、课程资源建设、课题研究等教学改革活动，逐步建立将外生激励转化为内生动力，加速"双师型"教师能力发展。

3. 工作室联盟结对

依托江苏省职业教育行业指导委员会、行业产教融合共同体等行业优势，基于共建共享原则，开展工作室联盟结对，邀请专家开展教育技术前沿讲座，定期进行"双师型"教师研修培训。同时，建立基于实践的评价激励机制，加强"双师型"工作室交流协作，形成同类工作室的发展共同体。

（三）聚焦"双师型"教师核心能力要求，构建情境化的行动方案

围绕职业教育重点任务，结合教师现状，工作室可通过实施"三个一"专项行动方案，推动"双师型"教师在人才培养方案研制、课程建设、专业建设、教学研讨、产教融合等方面获得发展。

1. 通过构建一个"标准引领、校企协同"的现代学徒制人才培养模式，破解教师跨学科能力不强的问题

工作室依托企业学院、现代化实训基地、技术应用中心等平台，引入智能制造技术领域职业标准。教学团队成员可通过与企业联合开展学徒招收、方案研制、团队建设、教学实施、基地建设、质量评价等工作，主动吸纳行业新技术、新工艺、新标准，参与专业布局规划、课程建设、产教融合等多方面教育教学改革工作，推动教师参与国际职业认证、教育部"1+X"职业技能等级认定等项目实践，有效提升教师跨学科应用能力。

2. 通过参与一项"高位引领、专创融合"的职业技能大赛，破解教师实践技能不高的问题

职业技能大赛是加快"双师型"教师实践能力发展的有效途径。工作室建立"一师一企""一师一赛"工作机制，明确教师参与技能大赛、教学大赛、创新创业大赛、课程建设任务、横向科研任务等要求。同时，对接新质生产力发展要求，联合企业举办校企技能竞赛，鼓励教师参加各类职业技能大赛，以赛促教、以赛促建、以赛促改，加快推动教师实践能力提升。

3. 通过培育一批"工学结合、示范引领"的实践创新成果，破解教师技术运用水平不高的问题

工作室可对接产业需求，联合经济技术开发区、产业园政府部门建立产教融合创新平台，借助省产教融合型企业、行业产教融合共同体等合作项目，以"校企协同共育新质生产力人才"为主题，开展学术交流研讨活动，协同推动标准建设、方案研制、技术服务等实践活动。通过搭建教师与行业专家交流平台，聚焦行业新技术、新工艺、新标准设计教师实践项目，推动教师在专业领域内不断深化和拓展，推动产教深度融合，实现教育与产业的良性互动和共同发展。

新质生产力引领职业学校"双师型"

教师发展，归根结底是要瞄准产业转型目标，建立多方参与的发展共同体，以行动为导向，促进教师在创新人才培养、推动专业建设、锤炼教学与实践能力、开展社会服务等方面取得积极成效，进而形成新时代"双师型"教师队伍。[本文系2022年第五期江苏省职业教育教学改革研究课题"产教融合生态系统下五年制高职专业集群建设研究——以智能制造专业集群为例"（编号：ZNYB4）和苏州市教育科学"十四五"规划课题"现代学徒制视域下中高职衔接课程体系构建与实践研究"的阶段性研究成果。]

【作者简介】张恒，男，江苏省常熟职业教育中心校党委副书记、常熟市滨江职业技术学校校长，全国模范教师，江苏省教学名师，高级讲师。

参考文献

[1][4] 何柏略，刘衍峰.职业教育赋能新质生产力的内在逻辑与实践策略[J].教育与职业，2024（11）：14—21.

[2] 教育部 国家发展改革委 财政部 人力资源社会保障部关于印发《深化新时代职业教育"双师型"教师队伍建设改革实施方案》的通知[EB/OL].（2019-08-30）[2024-06-28]. https://www.gov.cn/gongbao/content/2020/content_5469720.htm.

[3] 郭群，缪朝东，嬴萍丽.数字化转型背景下职校教师专业发展的价值逻辑、实践困境与路径选择[J].教育与职业，2024（10）：64—70.

[5] 谢永东."双师型"教师"三级平台"培养体系的构建与实践——以江苏联院苏州建设交通分院为例[J].职教通讯，2020（11）：74—79.

[6] 唐新强，周小李.新质生产力视角下行业特色院校教师核心能力的新内涵、新要素及新路径[J].当代教育论坛，2024（5）：99—107.

[7] 励敏.新质生产力与职业教育"双师型"教师队伍建设的内在逻辑与融合路径[J].教育视界，2024（16）：60—64.

"强基计划"视域下高中班主任队伍建设的五项修炼

◎ 周文英／江苏省常熟中学

摘 要 "强基计划"对高中班主任队伍建设提出了更高要求。彼得·圣吉在《第五项修炼》中提出的建立学习型组织的关键五项修炼,为高中班主任队伍建设提供了理论支撑。本文指出,高中班主任需要不断修炼和提升自身的五大核心能力,来提高管理水平和教育智慧,从而更好地引领学生成长,为培养基础学科拔尖人才贡献力量,实现学校的高质量发展。

关键词 "强基计划" 高中班主任 队伍建设 五项修炼

国家"强基计划"是一项具有深远意义的教育改革政策,旨在通过选拔和培养基础学科领域的优秀人才,为国家的发展提供人才保障。随着国家对基础教育质量要求的不断提高,"强基计划"作为提升教育质量的重要举措,对高中班主任队伍建设也提出了更高要求。班主任作为班级管理的核心,其专业素养和综合能力直接关系到学生的全面发展和教育质量的提升。彼得·圣吉在《第五项修炼》中提出了建立学习型组织的关键五项修炼,包括自我超越、改善心智模式、建立共同愿景、团体学习和系统思考。这些不仅适用于企业管理,也同样适用于班主任队伍建设。因此,探讨"强基计划"视域下高中班主任队伍建设的五项修炼具有重要意义。

一、"强基计划"视域下加强高中班主任队伍建设的重要性

(一)"强基计划"的背景与意义

2020年1月13日,教育部颁布了《教育部关于在部分高校开展基础学科招生改革试点工作的意见》,提到"为深入贯彻党的十九大和十九届二中、三中、四中全会精神,落实全国教育大会精神,服务国家重大战略需求,加强拔尖创新人才选拔培养,我部决定自2020年起,在部分高校开展基础学科招生改革试点(也称强基计划)"。"强基计划主要选拔培养有志于服务国家重大战略需求且综合素质优秀或基础学科拔尖的学生。""强基计划"是教育部推出的重要战略计划,该计划不仅关注学

生的学习成绩，更重视学生的综合素质和创新能力培养，这对高中班主任提出了更高要求。

（二）高中班主任队伍建设的重要性

在"强基计划"视域下，高中班主任队伍建设显得尤为重要。这一重要性主要体现在以下几个方面：首先，"强基计划"强调培养高素质人才，而班主任作为与学生日常接触最为密切的教育者，其思想观念、教育理念和行为方式直接影响着学生的成长。其次，随着教育改革的不断深入，班主任的角色已经从单纯的管理者转变为学生的引导者、支持者和服务者。这一转变要求高中班主任不仅要具备扎实的专业知识，还要具备良好的教育教学能力、组织协调能力。最后，当前社会竞争日益激烈，学生的心理健康问题日益凸显，建设一支能够及时发现并解决学生心理问题的班主任队伍，对于维护学生的身心健康、促进其全面发展具有不可替代的作用。为了培养更多高素质人才、适应教育改革发展、维护学生身心健康以及实现学校高质量发展，我们必须高度重视并切实加强高中班主任队伍建设。

（三）高中班主任队伍建设的愿景

在"强基计划"的视域下，高中班主任队伍建设被赋予新的历史使命和时代内涵。我们追求的不仅仅是一支数量充足、结构合理的班主任队伍，更是一支具备高尚师德、专业素养深厚、教育理念先进、管理能力突出的精英团队。我们愿景中的高中班主任，是知识的传播者，更是学生品格的塑造者。他们不仅是学生的良师，更是学生的益友，用爱心和耐心陪伴

学生走过成长的每一个阶段。他们能够以开放的心态和包容的胸怀接纳每个学生的独特性和差异性，为每个学生提供最适合的成长路径。同时，我们也希望这支班主任队伍能够成为学校与家庭、社会之间的桥梁和纽带，能够与家长紧密合作，共同为学生的成长营造良好的环境；能够与社会各界携手，共同推动教育的进步和发展，努力实现班主任为"人人良师"的共同愿景——良师胸怀天下，敢为人先；良师追求卓越，勇于创新；良师乐于奉献，善于合作；良师精神富有，情趣高雅。

二、从五项修炼角度审视高中班主任队伍建设中存在的问题

彼得·圣吉在《第五项修炼》中提出的五项修炼，为学习型组织的构建提供了重要的理论指导。这些理念同样可以应用于高中班主任队伍建设中，以审视当前存在的问题。

（一）在实现自我超越方面

在高中班主任队伍建设中，自我超越的问题主要表现为部分班主任缺乏持续学习和自我提升的动力。由于班主任工作繁重，许多班主任会感到精力有限，忽视个人学习和成长，导致他们难以突破自我、接受新的教育理念和方法，从而影响了班主任队伍的整体素质和教育效果。

（二）在改善心智模式方面

心智模式是影响人们思考和行为的重要因素，部分班主任可能存在心智模式固化的问题，过于依赖传统的教育和管理方式，难以适应现代教育的发展和变化，面

对复杂多变的学生问题，缺乏灵活应变的能力，导致问题处理效果不佳。改善心智模式需要班主任不断反思和调整自己的思考方式，以更加开放和包容的心态面对教育挑战。

（三）在建立共同愿景方面

共同愿景是组织成员共同追求的目标和理想。在高中班主任队伍中，共同愿景的缺失可能导致团队凝聚力不足。没有统一的教育理念和目标，不利于形成合力，难以推动学校教育的发展。建立共同愿景需要学校管理层和班主任队伍共同努力，明确教育目标和方向，形成共同的价值观和行为准则。

（四）在加强团队学习方面

团队学习是建立学习型组织的关键。然而，在高中班主任队伍中，团队学习的氛围可能不够浓厚。班主任可能缺乏相互学习和交流的机会，导致教育经验和管理智慧难以共享。此外，部分班主任可能过于关注个人业绩，忽视了团队合作的重要性。加强团队学习需要学校管理层采取措施，促进班主任之间的交流和合作。

（五）在进行系统思考方面

系统思考是用系统的观点分析、认识问题的方法。在高中班主任工作中，系统思考的缺失可能导致问题处理片面化和短视化。部分班主任可能只关注眼前的问题和困难，忽视了问题的根源和长远影响。系统思考要求班主任具备全局观念和长远眼光，能够全面分析问题的各种因素和影响，从而制订更加科学、合理的解决方案。

从彼得·圣吉的五项修炼角度来看，高中班主任队伍建设存在的问题主要包括自我超越动力不足、心智模式固化、共同愿景缺失、团队学习氛围不浓厚以及系统思考缺乏等方面。针对这些问题，学校应采取有效措施加以改进和提升。

三、"强基计划"视域下高中班主任队伍建设的五项修炼

彼得·圣吉的五项修炼与"强基计划"的结合，主要体现在以下几个方面：首先，自我超越鼓励师生不断挑战极限，提升个人能力，这与"强基计划"强调的拔尖创新人才培养理念相契合；其次，改善心智模式，倡导开放思维，有助于在"强基计划"下培养具有创新精神和批判性思维的人才；再次，建立共同愿景，形成合力，这与"强基计划"致力于构建高水平人才培养体系的目标一致；最后，团队学习和系统思考强调集体智慧和全局观，有助于在"强基计划"下形成协同创新的良好生态。因此，彼得·圣吉的五项修炼为高中班主任队伍建设提供了理论指导，其核心理念与高中班主任队伍建设的目标高度契合。高中班主任需要不断修炼和提升自身的五大核心能力，以推动班级管理的持续优化与创新。

（一）修炼深入了解与研究学生的能力：热爱学生，洞察心灵

在"强基计划"的背景下，高中班主任不仅需要传授知识，更需要修炼了解和研究学生的能力，特别是热爱学生和洞察心灵的能力。热爱学生，是班主任工作的基

石。这种爱，不仅仅是对学生学业成绩的关心，更是对他们身心健康的全面关注。班主任要用自己的爱心和耐心，去温暖每个学生，让他们感受到班级的温暖和归属感。洞察心灵，是班主任工作的精髓。每个学生都是独特的个体，有着不同的性格、兴趣和需求。班主任需要通过细致的观察和深入的沟通，去了解学生的内心世界，把握他们的思想动态，准确地判断学生的需求，提供有针对性的帮助和指导。在"强基计划"的实施过程中，班主任更需要修炼这两种能力：热爱学生，激发学生的潜能和创造力；洞察心灵，发现学生的特长和优势。

（二）修炼有效组织与管理班级的能力：构建秩序，确立愿景

班级管理是班主任的重要职责之一。高中班主任需要具备优秀的组织与管理能力。班主任应与学生共同制定班级规章制度，明确行为规范和学习要求。在制定规则时，班主任应充分考虑学生的意见和建议，确保规则的合理性。同时，班主任还要对规则进行解释和宣传，让学生明白规则的重要性和意义。在规则制定后，班主任须严格执行，确保班级管理有序进行。确立班级愿景，是班主任工作的灵魂。一个清晰、明确的班级愿景，能够凝聚人心、激发动力，引领班级向着共同的目标前进。班主任需要与学生共同商讨、制定班级愿景，构建一个有序、稳定、充满活力和希望的班级，引导学生积极投身于"强基计划"的学习和实践之中。另外，班主任还要通过各种形式的活动和实践，让班级愿景深入人心，使其成为学生共同追求的理

想和目标。

（三）修炼及时发现与解决问题的能力：凝聚力量，共研共享

面对班级中出现的各种问题，班主任需要保持高度的警觉和敏锐的判断力。新时代高中生面临多重挑战，无论是学业上的困扰、人际关系的纠葛，还是心理层面的波动，班主任都需要第一时间察觉，并迅速做出反应。学校可以组建班主任名师工作室、班主任发展共同体、班主任研讨沙龙等研究团队，一起对问题进行深入了解和细致分析，发挥集体的智慧，找到问题的根源，为学生制定有效的个性化解决方案。此外，还要积极调动学生、任课教师以及家长的参与热情，通过组织班情分析会、家长会等方式，搭建起家校沟通的桥梁，共同为学生的成长出谋划策。同时，班主任还需要注重与社会的协同，可以邀请社会专家、学者来校讲座，拓宽学生的视野，增强学生的社会责任感。通过家校社的紧密合作，为学生创造一个更加全面、丰富的成长环境。

（四）修炼积极向上和不惧挑战的能力：终身学习，自我突破

班主任需要不断修炼自己，充分认识到班主任工作的意义和价值，培养勇敢、不惧挑战的精神，并坚持终身学习，不断突破自我。勇敢、不惧挑战是高中班主任必备的品质。在"强基计划"的实施过程中，班主任会遇到各种困难和挑战。班主任需要勇于面对问题，尝试学习新方法、新理念，以更好地适应学生的需求和社会的发展。终身学习是班主任不断提升自我的关键。教育是在不断发展的，新的

教育理念、教学方法和技术层出不穷。班主任需要通过终身学习，突破自我成长的舒适区，勇于走出传统的教育框架，为学生提供更优质的服务。如国家推出"强基计划"，班主任就要及时了解参与"强基计划"选拔的条件和机制，引导学生做好生涯规划，树立远大目标，为实现教育强国、人才强国打下坚实的基础。

（五）修炼长远规划和系统思考的能力：着眼未来，胸怀天下

为更好地引导学生，助力学生的未来发展，高中班主任需要修炼长远规划和系统思考的能力，这要求班主任具备前瞻性眼光，不仅要关注当前的教学任务，更要预见未来社会的发展趋势和人才需求，通过了解行业动态和市场需求，为高中生提供更加有针对性的学业发展建议。通过深入了解"强基计划"的目标和要求，班主任可以更好地把握教育方向，为学生制订更为科学、合理的学习规划。班主任也要有系统思维，注重整体性和关联性，将学生的学习、生活、心理等各方面因素纳入考虑范围。同时，班主任还要关注班级内部的和谐氛围，以及班级与学校、家庭、社会之间的紧密联系，共同为学生的成长创造良好的环境。上述目标的达成，能更好地促进学生将自己的兴趣和能力与社会需求相结合，实现个人价值和社会贡献的双赢。

高中班主任队伍建设是一个长期而系统的工程，需要科学规划、分层分类、制定科学可行的培养方案；需要把国家需要、学校需要与个人发展需求有机结合起来；需要不断激发班主任专业发展内驱力，直面工作推进的痛点，创新培训方式和评价体系。如此才能推动班主任队伍持续发展，培养"四有"好老师，培养能当引路人、能做"大先生"的卓越班主任。

【作者简介】周文英，女，江苏省常熟中学副校长，高级教师。

参考文献

［1］彼得·圣吉.第五项修炼：学习型组织的艺术与实践［M］.张成林，译.北京：中信出版社，2009.

［2］周攀.高中班主任工作与班集体建设研究［D］.湖北：华中师范大学，2015.

［3］王德全.高中班主任队伍建设的问题及对策研究——以金堂S中学为例［D］.四川：四川师范大学，2018.

［4］刘成若.基于第五项修炼理论的学习型班级构建［D］.山东：曲阜师范大学，2017.

［5］刘京翠，赵福江."双减"背景下中小学班主任工作现状调查与分析——基于对全国16166名班主任的问卷调查［J］.教育科学研究，2022（8）：44—52，63.

［6］王晶晶."全景式培养"：助推班主任队伍高质量发展的区域实践［J］.中小学管理，2023（10）：44—46.

"读—教—研—写一致性"校本研修的意蕴、框架与实施

◎ 曹丽秋／江苏省常熟市报慈小学

摘 要 校本研修是促进教师专业发展、学校质量提升的重要方式。以"读—教—研—写"为基本框架的"一致性"校本研修具有独到意蕴，能解决研修目标不明、研修主体不当、研修深度不够等问题。在实施过程中要坚持方向性原则、系统性原则、发展性原则，以实现育人目标。

关键词 育人目标 校本研修 "读—教—研—写一致性"

校本研修是促进教师专业发展、学校质量提升的重要方式，但在实施过程中存在研修目标不明、研修主体不当、研修深度不够等问题，影响了校本研修的成效。笔者在管理实践中发现，"读—教—研—写一致性"校本研修（以下简称"'一致性'校本研修"）能较好地解决上述问题，从根本上保证目标、人员、机制、环境等的一致性，推进课程改革，实现育人目标。

一、"一致性"校本研修的内在意蕴

"一致性"校本研修的核心内容包括：围绕主题深入阅读，基于理论展开实践，科学观课深度研讨，提炼经验转化成果。教师参与到"一致性"校本研修中，会持续经历抉择与聚焦、互动与构建、反思与创造等内部加工过程，这是"一致性"校本研修的意蕴所在。

（一）抉择与聚焦：解决研修目标不明问题

传统的校本研修往往停留在教学视角，关注的是教学策略的研究、教材使用的研究等，很少深度追问为何而研，很少系统思考研什么、怎么研、研到什么程度，即研修目标不明。

"一致性"校本研修符合教师的内在学习机制。教师通过阅读、研讨获取信息，并在实践的转化、环境的互动等过程中对信息进行理性分析，与原有认知比对，进而做出要不要接受、要顺应还是同化的抉择。抉择的过程正是认知发展的过程。抉择需要一定的条件：一是抉择的依据，即为什么做出这样的抉择。思考依据就是在思考根本目标，思考核心价值，这是理念

上的聚焦。二是认知的冲突，即抉择什么。对原有认知及新认知要有清晰的界定，能发现并解释新旧认知之间的冲突，并对冲突进行分析与概括，归纳出根本问题，这是内容上的聚焦。基于抉择，进而聚焦，研修目标得以明晰。

（二）互动与构建：解决研修主体不当问题

传统的校本研修虽然面向的是全体教师，但在组织过程中存在主体窄化现象。学科管理者或者教研组组长长期担任主要角色，少数骨干教师参与其中，大部分教师则以听众身份游离于研讨之外，成为旁观者，甚至无关者。

"一致性"校本研修基于明确的目标，走向有目的的行动。教师会经历个人的"读—教—研—写"，提升个人成长水平，促使深层学习和创新知识的发生。教师也会经历团队的"读—教—研—写"，与他人分享学习材料，主动对他人做出解释，基于理解进行设计并实践，及时捕捉反馈以及向他人提供反馈，形成不同思想和观点的碰撞等。研修聚焦"少量的关键因素"，将其他大量的、复杂的人和事整合起来，实现简单化开放性设计。教师在研修中围绕真实任务展开多重互动，实现认知建构：一是将学习积淀的经验与外部环境互动，转化成教学实践；二是与实践本身互动，完善与修正认知；三是与他者互动，实现认知精制，推动复杂的、自适应的集体行为涌现，并逐渐建构实践模型。互动与建构促进教师协作学习，并走向"持续和系统的转变"水平[1]，加强集体能力建设。

（三）反思与创造：解决研修深度不够问题

传统的校本研修内容随意、形式单一，局限于上课、听课、评课的封闭式低水平循环，研修呈片段式，只在集体研修时开展研讨，活动结束研讨也随之终止。这种研修样式阻碍了研修走向深处。

"一致性"校本研修突出概念领域与行动领域的双反思、个人与集体的双反思，将反思作为提升教师专业水平及研修成效的重要方式。围绕"读—教—研—写"系统设计的"一致性"校本研修聚焦主题连续实施，教师对同一主题进行持续关注和深入思考，并通过"形成想法—检验假设—反观掂量"这一过程与现实反复对比，进而产生维护自己观点的愿望，或者在发现自己局限性时拓展概念、行动领域和表征，调整和重构认知结构。[2]另外，作为一项协作性活动，教师会在研修中以交流或者模仿实践的方式将个人思考与他人思考进行对比，在意识到彼此间差异的情况下，通过论证来维护自己立场，或是借由考察其他观点发现自己的不足，然后反思调整创造优化。无论是哪一种对比，教师都是在持续不断地调用知识比对应用，使得知识精细化或复杂化，在反思中磨炼感知力、创造性与实践力。

二、"一致性"校本研修的框架结构

"一致性"校本研修框架简明，包括读、教、研、写四个环节。各环节均以育人为目标，以主题为统领，构成相互支持、内外贯通、螺旋推进的完整系统。

（一）读：图谱式阅读是基础

"一致性"校本研修中的"读"是基础。校本研修的本质是教师的认知活动。在研修中坚持阅读为先，是为了积淀价值理解、完备知识、思辨习惯，给实践提供基础性支撑。

读什么？首先是研读新课程方案和新课程标准，因为课程方案和课程标准对教师"为何而教""教什么""怎么教""教到什么程度"有内在规定[3]，深入研读能达成群体目标的统整。其次可以按照舒尔曼教授的PCK理论，从学科知识、教学法知识、学生知识、情境知识等方面研制主题式阅读图谱，构建阅读体系。

怎么读？除了形式上的导读、共读、自主阅读，更要关注阅读的实际促进功能。一方面，在阅读时养成理解与分析的习惯，将阅读内容与教育实践、生活实际主动关联，探明阅读对实践的指导路径；另一方面，根据研修主题进行索骥式阅读，突出阅读与分享的主题化与系列化。在此基础上，教师在执教研讨课前进一步开展文献阅读，形成深度认知。

（二）教：专业性实践是核心

"一致性"校本研修中的"教"是核心。有了阅读认知层面的理解与领会之后，可将课堂视作实践平台，进一步验证、调整与转化，实现经验的建构，然后展开新的实践，逐渐在螺旋式发展体系中探索范式、搭建模型、推广应用。

"一致性"校本研修体系里的"教"不是孤立的，它强调主题可视、理论可视，此谓"专业性实践"。课堂实践要紧扣学校研修主题，要成为主题研究的实验场域，这样才能确保课改方向，并在连续性实践中推进课改深入。此外，在实践中要充分思考如何将阅读成果转化成实践成果，将课上得有理有据、明明白白，避免出现读与教的"两张皮"现象。

观课也是实践的重要内容。团队成员借助量表科学观课，精准记录，作为后续评价与研讨的依据，这本身也是一种专业性实践，能助力教师集体提升。

（三）研：主题式研讨是关键

"一致性"校本研修中的"研"是关键。研讨阅读如何转化为实践，检验实践转化成效，探索实践优化方式，形成后续研修挑战，能推动教学研究向前、向深处发展。

研讨要形成主题链。学校的研修主题通常是一个大概念，如单元整体教学研究等，在具体研讨过程中，要将大概念进行结构化分解，形成系列研讨主题。系列研讨主题可以是递进式的，主题之间以层层递进的逻辑关系构建；也可以是并列式的，各主题相对独立，最后构架成整体。此外，每一次研讨活动也要体现主题贯穿、板块紧密，将所有参与者的思考见解进行结构化编织，实现新的生成。

研讨要打造共同体。每位教师都会在特定范围内构建独特的"个体知识"。不同个体即便学习相同的"公共知识"，也会表现出较大的个体差异。这些个体差异正是研讨过程中的重要学习资源。因此，研讨要突出人人参与，重视团队协作并尽可能扩大协作范畴，让更多的人在具有高度包容性和学术性的环境中贡献智慧。

（四）写：进阶式写作是突破

"一致性"校本研修中的"写"是突破。写作提炼是促进新知建构的重要方式。建构过程包括对已有知识经验的反思解构、吸纳重组，也包括对自己潜在信念与价值观的审视，以悟得原理或规律，促进自适应的变革调整。[4]

将写作置于研修主题链中。教师写作主题可与学校研修主题相契合，也可以进一步细化，形成个人研究分支。写作要尽可能常态化、序列化。前置性阅读后可撰写主题思考、文本分析；实践或观课后可撰写案例研究、观察报告；集体研讨后更要基于新思考锤炼研究成果。此外，不同的主体可以有不同的写作定位，如教师个人撰写研修得失，团队组织者记录研修过程，学校管理者剖析课改成效。

让写作成为集体行为。写作虽然是一个人的事，但酝酿与推进写作应成为团队共同的事，以此练就全体教师的专业力。在研修过程中，可以一开始便以撰写文章的思路架设话题板块，也可以在充分研讨后及时回顾总结，结构化梳理讨论成果。根据教师写作情况，可定期邀请教师在研讨时分享作品的诞生过程，提升群体共生力。还可以在学期末组织研究成果发布会，以发布促成果的精准提炼与深度打磨，同时对课改情况做科学判断。

"一致性"校本研修中的读、教、研、写四环节相互支撑、相互渗透，构成既完整又开放的整体。完整是指研修四环节构成系统、整体实施，它是集体研修模式，也是教师个体研修路径，所有人都能从中习得"完整经验"，实现真实发展。开放是指研修不是封闭式的，四环节实施顺序也不是僵化不变的。研修过程中不断建构的新认知、新经验，以及借助外在智慧支持形成的新碰撞、新思考，均能拓展研修范畴与深度。

三、"一致性"校本研修的实施要义

"一致性"校本研修在实施中要坚持方向性原则、系统性原则、发展性原则，以保障研修的目标清晰、落地有效，促进教师的专业提质、主动发展。

（一）以方向性原则明确目标定位

聚焦方向指研修目标清晰且集中，没有过多、离散、频繁更换等现象，这是"一致性"校本研修的起点。就学校而言，首先要形成与国家育人目标一致的学校发展目标，以实现立德树人根本任务。学校发展目标可结合自身特色进行个性化表达，如培养"知书达理的时代新人"等。在此基础上，思考以什么研修主题来支撑目标落实，从而明确研修方向与目标，如基于上述学校发展目标，可以将"全学科阅读路径研究"作为研修方向来促"新人"发展。研修过程中的读、教、研、写各环节均紧扣研修方向与目标展开，通过连续的理解、实践、判断、反思，达成服务目标，也实现目标的增值。此外，研修中也要突出各部门、各条线的目标趋同与发展协同，实现牵一发而动全身的效应。

（二）以系统性原则保障落地实施

如果说学校是一个大系统，那么"一致性"校本研修既是大系统中的重要组成部分，又自成一个小系统，在与学校其他工作的联动中共同推动大系统的有效运作。因此，它强调系统思维整体规划，以确保研修有效落地实施。首先，内容要系统构架。确定研修目标与主题之后，要进一步结合学科特质、教师实际等细化研修内容，构建研修序列，匹配评价体系，使得研修路径清晰、效果可测。其次，机制要系统保障。要建立校本研修的相关制度，如研修时间、地点、参与、展示等方面的要求，评价、激励等方面的措施，经费、资源等方面的支持等；要健全校本研修的人员组织，成立工作小组或领导小组，明确小组成员及全体教师的职责分工，突出全员参与。再次，过程要系统实施。研修过程中的"读—教—研—写"要连贯实施，环环相扣，相互促进；尤其要发挥好"研"与"写"的科学判断与反馈调整功能；要让每一轮"读—教—研—写"的阶段性成果成为下一轮研修的新起点，实现研修的螺旋式跃升。

（三）以发展性原则强化队伍提质

"一致性"校本研修的重要旨归是发展教师的品格与素养，进而惠泽学生及学校的发展。因此，校本研修强调教师的全员参与，突出研修常态化。一方面教师在固定的研修时间和场域承担真实性研修任务，获得个人研修成果；另一方面教师将研修成果积极转化成日常实践，以进行验证与调整。同时，教师还能将阅读、思考、实践、表达等研修行为内化成专业习惯，沉淀专业素养。校本研修强调教师的协作互助，鼓励教师在相互参照、对比、融合等过程中缔造鼓励学习、鼓励合作、鼓励创新的学校文化，实现集体能力提升。这种协作也发生在师生之间。教师在研修中经历的从学习、实践到检验、创造的过程，以及研修中的任务驱动、合作探究等方式，正是深度学习的过程。将这一经历与经验迁移至教学，能更好地理解并助力学生实现深度学习。

需要说明的是，"一致性"校本研修在实施中也要讲究因校制宜。比如，缺少阅读氛围的学校可以将阅读作为重要研修内容，以点带面，逐步推动；教学质量不太理想的学校，可以先聚焦实践发现问题，然后以读促思，调整实践，记录分析，判断效果。总之，"一致性"校本研修在实施中要坚持目标导向与问题导向。

【作者简介】曹丽秋，女，江苏省常熟市报慈小学教育集团总校长，常熟市报慈小学党总支书记，正高级教师，江苏省特级教师。

参考文献

[1] 金琦钦，张文军.学校变革如何化繁为简——基于迈克尔·富兰"一致性建构"变革理论的考察[J].教育发展研究，2023，43（24）：11—18.

[2][4]杨静，龙宝新.桎梏与超越：建构视野下教师的学习机制研究[J].教育理论与实践，2022，42（1）：36—41.

[3] 滕闽军，沈茜.基于新课标开展高质量教研[J].人民教育，2023（Z1）：79—83.

多元整合：名师工作室集体备课的应然样态

◎ 吴超华／江苏省徐州市睢宁县桃园镇中心小学

摘　要　名师工作室是提高教师核心素养，提升教学质量的一种基本模式，其间集体备课是不可或缺的工作之一。集体备课形式丰富多样，多元整合就是其中的一种应然样态，其目的是通过集体备课活动，发挥工作室备课组力量，使"教与学"观念从教师向学生转移，从教案向学案转移，从教法向学法转移，从技法向实践转移，更加精准地解决"教什么""怎么教"和"学什么""怎么学"的问题，实现集体备课质的飞跃。

关键词　多元整合　集体备课　名师工作室　样态

多元整合，广义上是指总体协调、有机渗透、高效互补、整理合并。对于工作室集体备课来说，多元整合集体备课不同于一般意义上的集体备课，它是"研教合一"状态下不同形式整合的样态，包含前置备课、研课、磨课与课后集中反思、改课两大部分，呈现出导师制、共研性、开放性、独立性、灵活性等特点，侧重名优教师引领、"散点式"研讨积累、线上线下双向教学研讨、集思广益。名师工作室学员来自区域内不同学校，工作室集体备课相对于学校组织的常态集体备课，存在组织难、研讨难、实践难等多种问题，这就给教学和教研成效带来一定的困难，因此整合多元备课形式比较适合工作室集体备课活动。

一、整合多元集体备课的意义

迈克尔·富兰说："当教师在学校里坐在一起研究学生学习情况的时候，当他们把学生的学业状况和如何教学联系起来的时候，当他们从同事和其他外部优秀经验中获得认识、进一步改进自己教学实践的时候，他们实际上就是处在一个绝对必要的知识创新过程中。"[1]多元实践给予工作室集体备课双层意义：一层是解决教师"教什么""怎么教"的问题，优化学习过程，提升教师教学把控的准度、深度、广度与高度，彰显团队合作精神，实现资源共享、认知互补，解决好区域教育发展不平衡的问题，带动一方教学；另一层是解决学生"怎么学""学什么"的问题，优化学习方法，深度学习，促进学生综合能力发展，提升核心素养。

二、整合多元集体备课的路数

多元整合集体备课流程分为先行设计、教学实践、反思敲定三个阶段。先行设计阶段即教学首备阶段，分为导师主备引领、学员参考实践、生发教学思考、寻求教学结论四个环节。这一阶段主要是学员实施导师教学预案，探究预案适用性，根据导师预案并结合自身教学实际集体交流，对标找差，引发教学困惑，思考"教什么""怎么教"和"学什么""怎么学"，展开二次备课设计，生发富有个性、契合教学实际的教学案。教学实践阶段即课堂教学审视阶段，根据集体备课生成的二次教学案展开课堂教学实践，也可以说是磨课环节。这一阶段主要是采取线下"同课异构"方式展开集体备课实践探究，审视课堂教学，生成适应教学实际的教学案。反思敲定阶段则是从导师、学员教学设计与实施，集体备课生成预案，"同课异构"实践与教学审视，教学路径生成四个维度展开反思，最终形成"精点"策略、"精品"课例。

（一）先行设计：从导师首备到学员蓝本生成

先行设计是导师引领教学的行为体现，是"导师制"引领策略的一种教学案设计程序，是以导师教学设计与应用为主导，学员教学实践为主体，论证教学案实施可行性的过程。其框架通过两种路径实施，目的是以导师教学案为教学依据，帮助学员准确把握教学目标，找到适合个性教学的路径与策略，在教学中生发多版教学案蓝本，实现"会备课、上好课"的基本目标。

路径一：导师先行主备。导师是这一过程课例设计主备，由导师根据教学内容展开研究，形成教学案最初框架，然后分发给全体学员，由学员自主参考应用，展开教学案实践，在实践中分析导师教学案"教与学"实际产生的盲点，找出教学差距，修改导师教学案，形成学员个性教学案。

路径二：导师先行上课（或录课）。由导师根据教学内容进行教学案设计，然后开展课堂教学研讨活动。其过程是将教学案分发给全体学员，组织全体学员参与听课、评课，感悟导师对"教与学"的把控、对教学目标的把握，学习导师解决教学重难点的策略以及应对课堂上突发性问题的对策等教学艺术，探究课堂教学与教学案设计之间的异同，随机改变教学案的原因与措施，讨论、反思、修订导师教学案，形成具有学员个体特质、契合教学实际的教学案。

路径一的形式是导师首备，学员以线下活动为主，优势是具有灵活性、多变性、契合性，适合单元教学设计、教材整体性教案设计；不足之处是不利于学员主体性发挥，教学中有限制性，不利于学员教学能力迅速成长。路径二的主要特点是集中线下活动，其优势是通过课堂内外面对面学习、研讨，产生思想碰撞、智慧交融，适合单元教学或单个课时教学，有利于发挥学员的主体性、主动性，实现对教学案和课堂教学的整体感知；有利于集思广益，展开教学案修改与二次设计。

从导师首备到学员蓝本生成，其实施过程具有可变性、可优性、生成性，具体以路径二实施为例，阐述多元整合集体备课实施过程。

一是导师初备，形成基本教学案框架。

依据课程标准，结合教材内容、学情展开思考，选择最佳教学路径，在保证学员有效学习的基础上形成基本教学案框架。为保证教学案准度、深度、广度与高度生成，从关注"教什么""怎么教"和"学什么""怎么学"出发，给予学员"十基准"备课样式，即备教材、备学生、备目标、备教学重难点（学科融合）、备教学具准备、备驱动性问题设计、备教学策略设计、备练习设计与拓展延伸、备体验活动设计、备板书设计。学员在导师设计的教学案基础上展开教学案实践与修订。

二是导师试上，给予教学框架引领。

本阶段由导师根据设计的教学案展开课堂教学，通过生成课堂教学框架给予引领。全体学员人手一份"十基准"导师制教学案，参与上课、说课一站式教学研讨活动。这一环节活动主体是导师上课与说课，导师首先依据课前设计的教学案展开课堂教学，其次针对教学理念、教学思路、教学案构思、教学处理以及存在的教学障碍进行说课。其目的是引领学员理解、认知教学的灵活度，解决知识学习、创新的

准度、深度、广度与高度，解决预设问题与随机生发问题对策等教学常态问题，实现"导师制"教学引领目标。

三是教学评价，生成成果性教学案。

这一环节主要是评课，以课堂教学评价框架表为基础，针对教学导入、新授策划、作业设计、教学策略应用、教学随机应变机智、教学案设计与课堂教学实际的变化与统一以及整体教学的准度、深度、广度、高度把控等方面展开评课，其目的是使学员个性化思考，提出建议或意见，与导师教学理念、思路产生碰撞，求同存异，发挥团队优势，解决存在的困惑和问题，展开二次备课，实现"会备课、善评课、能上课、上好课"的导师制建设目标，生成成果性教学案。

（二）教学实践：从教学设计到教学审视

教学实践是在教学案预设基础上展开课堂教学实施的主要手段，旨在检验教学案在教学中的运用效果，审视教学预案和随机产生问题的变数及应变对策，是对教学案实效的求证与改进，其目的是更好地探究有效教学。

教学实践主体是"磨课"，其模式多以"同课异构"呈现。"同课异构"教学模式要求教师在教学实践中不断反思与优化，达到教学效果的最优化。[2]"同课异构"是名师工作室实施集体备课常采用的一种方式。在集体备课过程中，教者与听课、评课教师针对教学重难点，容易混淆的知识点，跨学科知识交叉点、互融点，有争议、分歧的内容、学科教学问题和有可能产生

的随机性问题展开讨论、分析，确定对策，明确解决问题思路和有效教学路径，多采取以下四种方式：

方式一：选取一名学员进行教学主备，构思、编写教学预案，然后以工作室为单位，通过线上集中备课，对多方教学经验展开交流、修改，生发不同教学预案，然后各自展开教学实践，形成自己的教学经验，再集中线下"同课异构"研讨，集体备课，修订教案，整理出最佳教学案。

方式二：无主备，人人备。因师生差异、时空差异生成不同教学个体，这些教学个体会引发多方思考，形成不同的教学经验。以整本教材为备课内容，根据学员实际情况规划不同集体备课内容，让学员熟识教材、搜集素材，编写教学思维导图，编写教学预案。首先每个人在线上分享各自设计的教学案；其次线上或线下集中研讨、备课、修订；然后再集中线下研讨、备课，人人说课解读，集体研究设计；最后再确定有明显教学特性的多名学员展开"同课异构"、集体研讨，完成教学审视，形成最佳教学案。

方式三：借助网络资源。以网络上的名优教师或国家级、省级获奖教学案为样本实施个性化备课，线上研究，形成多维教学案。然后利用线下教学展开"同课异构"，审视课堂与教学案预设的异同，分析研讨，统一思想，形成符合生活实际、教学实际、具有实用价值的教学案。

方式四：师徒同备。首先，根据同一教学内容，依据"十基准"导师制教学案设计框架，导师与学员同时设计教学案。

其次，利用工作室微信、QQ或腾讯会议平台，在线上共享各自设计的教学案并展开讨论、分析，相互之间给予建议，修订教学案。最后，利用线下展开"同课异构"教学研讨，在研讨中分析、完善，最终形成有价值、可借鉴、能推广的教学案。

（三）反思敲定：从多维度思考到精品课生成

集体备课内含课前反思备课和课后反思修订备课两大部分。反思是集体备课不可或缺的重要组成部分，既要反思课前设计，又要反思课中、课后设计。多元整合集体备课反思不是简单写下教学感悟、听课心得或评课意见，而应做到教学评一体化。通过备课、上课、说课、评课，多维度反思教学中遇到什么问题，教学过程是否顺畅，重难点突破策略是否合适，学科融合、师生双边活动是否丰富有效，解决问题时学生是否积极主动、合作探究，学生个性是否得到张扬，新课标是否得到践行，大单元训练或项目化学习是否得到应用、落实，随机性问题的处理方法是否得当、可行，教学中还存在哪些困惑，等等。按照"设计教学案—教学实践—教学反思—调整教学案—再次教学实践—教学反思"的螺旋式集体备课流程，针对反思的共性问题和个性认知，修订教学案，利用线上集中交流、线下集中教学研讨、反复实践样态，经多维度思考生成精品教学案。

三、整合多元集体备课的成效

基于问题，始于备课、上课、听课，践行于教学思考、真实感悟、智慧生成，这些不但是集体备课的基础，也是集体备课有无实效的决定性因素。让静态教学案化为动态课堂教学实践、以促进学生发展为目标、以解决学习问题为根本、以开展教学研究为形式[3]的集体备课，让学员从教材中走出来，跻身于生活教学中，多方整合，变单一为多元，创设有情境、有知识、能体验、可实施的教学案，为学生发展、核心素养提升给予有力保障。可以说，从导师首备到学员蓝本生成，从教学设计到教学审视，从多维度思考到精品课生成，架构了集体备课形神统一、内外并蓄、和而不同、聚焦研究的多层价值，使集体备课形成预设规划流程，确定研究主题，熟悉教学内容，形成教学框架；预设教学内容，确定重难点及解决重难点的策略；预设教学过程，确定教学思路和教学策略；预设教学成效，确定教学准度、深度、广度和高度问题链及作业设置的多元整合样态，实现"以学生为主体""以学习为中心""以解决问题为主导"的"以学论教"理念，回归教育本真。

四、结语

多元整合集体备课是工作室集体备课的一种形式探索，旨在为学生服务，为教学服务。在实践中发现，名师工作室学员对教材分析、教学内容重难点把控、教学水准把握、教与学方法运用、教学艺术处理等方面比其他教师有了更深层次的理解，诸多能力得到明显提升。从"同课异构"课堂上能够看到学生求知欲、判断力、知识掌握精准度、实践创新能力、课堂活跃度、作品表现多样性等方面发生明显变化。

【作者简介】吴超华，男，江苏省徐州市睢宁县桃园镇中心小学教师，徐州市小学美术名师工作室主持人，正高级教师。

参考文献

[1] 阳利平.对"教师即研究者"命题的探析[J].教育发展研究，2007（20）：5—8.

[2] 黄荣君."同课异构"之我见[J].中学政治教学参考，2013（8）：49—50.

[3] 王鉴，方洁.中小学集体备课模式的变革研究[J].教育研究与实验，2013（6）：6—10.

教育写作："优课"转"优文"的有效路径

◎ 冷品优 / 江苏省无锡市梁溪区教师发展中心

摘　要　新课标提倡聚焦课例，开展反映真问题的小课题研究和写作。笔者通过分析教师专业技术职务和骨干称号晋级评选条件，提炼出教师专业成长的核心要素"优课"和"优文"。本文剖析了"优课"转"优文"的五个转化路径：确立优课实录的核心概念及二级小标题、教学行为转码文本表述、动态记录亮点教学过程、丰富优课实录、寻找理论支撑，以期助力教师专业成长。

关键词　教师专业发展　优课　优文　写作路径

新课标提倡聚焦课例，开展反映真问题的小课题研究和写作。随着教育改革的不断深化，每年都有许多青年教师在各级各类赛课活动中涌现出符合新课标精神、让人耳目一新的精品课、优秀课，但他们苦于无法将课堂上创新且高效的教学行为转化为学术表达，影响了优课的引领辐射价值的发挥。本文对此进行探究，并结合自身实践提出基于优秀课例进行教育写作的实操路径。

一、教师专业成长的关键要素

基础教育领域的广大教师，其专业成长有两个平行递升的职业阶梯：骨干教师序列和专业职称序列。通过分析评选条件中的专业素养要求发现，无论哪一级骨干或职称评选，都必须具备"优课"（各种赛课，如优质课评比、教学基本功大赛等）和"优文"（获奖或发表论文）。因此，教师的专业成长主要依赖教师课堂教学的职业素养和基于创新实践凝练教学论文的学术素养。

二、基于"优课"提炼"优文"的路径

（一）确立优课实录的核心概念及二级小标题

一节优秀课例或某项研究会涉及错综复杂的琐碎细节，我们不能像记事簿一样记录过程，那种流水账式的机械记录不具有学术价值。教师应从当前教育教学面临的真问题着眼，挖掘优秀课例的亮点、创新之处，据此凝练出科学记录的统领性核心概念（主题），然后再将其分解成若干二级小标题并进行逻辑排序，列出写作框架提纲。如某次省级赛课，举办方规定本次赛课禁用多媒体课件，所用教材为译林版《英语》八年级下册"Unit 5 Reading"板块，语篇主题为英国的礼仪规范。笔者对

这次赛课第一名课例进行实录提炼，依据现场触动心弦的观摩感受，结合专家对本课的精辟点评，确立科学记录的统领性核心概念"摆脱PPT课件束缚　重现传统教学手段精彩"，并将其分解成五个二级小标题："精巧的板书设计、灵动的情景创设、温情的师生互动、简洁的教学步骤和实效的笔头操练等"[1]。

（二）教学行为转码文本表述

如果说电影、话剧是把文字剧本转化为立体可视的时空表演艺术，那么撰写教学论文则正好相反，即把课堂上师生共同参与的立体教学活动转化为描述文字和便于印刷的二维图示，这是一个高级转码过程。以上文列举的二级小标题中的第一个"精巧的板书设计"为例，实录课堂板书时，不宜将教学高潮时的板书照片直接引用到论文中，因为现场板书照片上的文字不一定清晰，另外照片像素、明暗度等也不一定达到纸质出版要求，所以作者必须进行文本化转码，即对现场教学行为进行文字描述并辅以二次创作的板书图示。

（三）动态记录亮点教学过程

有些教师在记录课堂创新设计时，往往只聚焦专家点评的课堂亮点瞬间，忽视课堂教学高潮所需的热身铺垫和层层递进的演变过程，致使所写内容定格呆滞，缺乏动态生成的灵动性。仍以上文提到的"精巧的板书设计"为例，作者须先从新课导入板书开始表述：授课教师是如何运用简笔画来处理生词、短语并引入本课主题的；再过渡到整体阅读归纳段落主题的文章结构板书；进入各段细节阅读时，师生互动生成各段落支撑要点的细节板书；最后升华凸显文明礼仪之树枝繁叶茂、万古长青的主题板书。此种动态渐进的生动记录，才能体现知识的生成演进过程和水到渠成的主题升华，提升课堂实录的真实性和灵动性。

（四）丰富优课实录

课堂实录进一步优化成论文，需要做到源于课堂又高于课堂，论文不仅要有鲜活的案例，还要有说理、阐释和分析。阐述某类教学活动当前普遍存在的不足和误区、在实录案例中有针对性地改进教学环节的设计意图、产生良好教学效果背后的原因分析等，以增强此种教学设计的信度。

（五）寻找理论支撑

为了提升论文的学理价值，还必须寻找课堂实录的理论支撑。以前文的教学板书实录为例，"根据图式理论，阅读理解实质上是结合适当的图式填充新信息而使图式具体化的过程，填充的内容可以是直接理解的或推断出的新信息"[2]。这一图式理论为教学板书提供了论据支持，使得创新实践和语言习得理论相得益彰。

［本文系2023年度江苏省教育科学规划重点立项课题"主题意义下语篇育人价值分析与实践研究"（编号：B/2023/03/68）的阶段性研究成果。］

【作者简介】冷品优，男，江苏省无锡市梁溪区教师发展中心研训员，正高级教师，江苏省教科研先进个人。

参考文献

［1］冷品优，张荣琴.摆脱多媒体课件束缚　重现传统教学手段精彩［J］.中小学外语教学（中学篇），2018，41（8）：41—46.

［2］葛维莉，陈静.英语阅读整体教学——图式理论视角［J］.辽林教育行政学院学报，2008（1）：83—85.

儿童人格建构的关怀伦理

◎ 张　勤／江苏第二师范学院

摘　要　随着社会现代化进程的加快，尤其是数字时代的到来，需要沉思儿童关怀的伦理问题，即关怀儿童什么，如何与儿童"在一起"，以及实现什么样的关怀理想，具体包括分析儿童成长的物质条件、帮助儿童留存美好的记忆、适应儿童成长特点等。从儿童立场出发，尽可能为儿童的人格发育与成长创造条件，不仅事关关怀伦理目标的实现，也影响儿童人格建构的成效。

随着数字化时代的到来，从关怀伦理的视角来审视人格建构的意义具有重要的价值。换言之，随着社会现代化进程的加快，尤其是数字时代的到来，需要把目光投向儿童，沉思关怀儿童什么，如何与儿童"在一起"，以及实现什么样的关怀理想。具体地说，主要包括分析儿童成长的物质条件、帮助儿童留存美好的记忆、适应儿童成长的特点等。从儿童立场出发，尽可能为儿童的人格发育与成长创造条件，不仅事关关怀伦理目标的实现，也影响儿童人格建构的成效。

一、儿童人格形成的因素

儿童的人格发育与成长关系到现代化的未来，从关怀伦理视角关注儿童人格发展的各种因素，可以更好地为优化儿童人格建构的元素、促进儿童健康成长创造好的环境。中国式现代化进程更离不开从诸多因素考虑儿童成长问题，旨在努力使儿童"成为现代的中国人"[1]，将来成为社会主义建设者和接班人。

物质因素。基础性的元素对儿童的成长不可或缺。客观上说，物质方面的变化有目共睹，档次也在不断攀升，暂且称之为"三好"物质供给。一是好的居住环境。社会和家长都尽其所能为儿童提供好的生活环境，如居住、饮食等。二是好的游乐场所。现今的网络为寻找这些场所提供了便利，可以说哪里有"好玩"的地方，哪里就有可能成为儿童的回忆。三是好的培训机构。对儿童的期待还体现在尽心为其建立和寻找好的培训机构，让儿童学习各种特长和技能，为其日后的发展寻找兴趣和选择方向。"三好"物质供给为儿童人格建构提供了基础性的物质条件，对建构儿童人格具有基始性意义。

情感因素。相比较而言，情感因素属于软环境。一般认为，儿童需要"温柔"，如果温柔不够，就有可能会在情感上伤害儿童；当然，"温柔"有余，也会给儿童带来另一种损害。另外，有意无意忽视儿童的情绪，以简单的方式应付儿童的情绪，或因种种原因以粗暴的方式将不良情绪转移到儿童身上等，都是阿德勒指称的缺乏"温柔感的适切性"，不能不引起注意。无论是儿童获得的温柔不足，还是施予的温柔过度，都直接或间接影响儿童的心理，对其人际交往以及社会感的形成有着潜在的影响。

社会因素。儿童并不能识别哪些是促进自己成长的有利因素，哪些因素不利于自身的成长。面对外部世界呈现的各种人和事、提供的各种场所和场景，儿童往往来者不拒。在和儿童相处过程中的每个人、每件事以及每个细节，都或多或少地留在他们的记忆中。如果以儿童成长为出发点，以儿童人格建构为关怀目标，无论是和他们交往，抑或是进行游戏等，其储存往往具有正向意义，有的还成为美好的回忆。如果忽略儿童特点和需要，仅从成人思维出发，留给儿童的回忆有可能是负向的，甚至是不堪回首的。因此，无论是家风、学校的教育环境，或是社会风气等，都需要尽可能成为建构儿童人格元素的优质资源。

二、儿童人格建构的图式

在儿童成长过程中，其人格建构的图式主要是那些"发生在存在的关怀实践"[2]中的人、事、场景等关键内容的记忆，正所谓"怎样和儿童交往"，儿童便"怎样回馈他人"。

儿童认知中的人。留在儿童记忆中的人如同屏幕演示，应有尽有，丰富多样，如有血缘关系的长者，接触比较频繁的亲戚、朋友、邻居，以及重要的社会角色——老师等。儿童无从分辨呈现在他们面前的人的道德水平、行为方式、价值观等，仅凭借其所能去感知现有，这些大多又将成为儿童道德感、价值观、思维方式等形成的具有启蒙影响的因子。比如，儿童出入小区时跟小区保安问好，有的儿童甚至还说长大了也要做保安。儿童产生这种想法有几种可能：一是家长注意引导孩子尊敬他人，包括小区保安。二是保安热情，工作态度认真，让儿童对保安有好感。三是在儿童的认知中没有阶级、性别差异。"长大了做保安"证明一个人的职业行为和态度给孩子带来的影响。

儿童记忆中的事。儿童对事理的认知与成人不完全相同，留在他们记忆中的事和表达形式，有可能会影响其行为方式。例如，儿童对遵守交通规则的意义、重要性并不是很清楚，但是"红灯停、绿灯行"的记忆却比较深。可能是儿童和大人手拉手过马路时，遇到红灯停，遇见绿灯过，从而留下了记忆；还有，与家人坐车出行，遇到红灯停下来时，家长解释了为什么停下来不开车，这强化了儿童的记忆。需要说明的是，儿童对某事以及事理的认知是在不断反复中强化的，成人足够的耐心不仅是一种关怀伦理，还可以慢慢弥补人性的不足，日进其美德。

来自场景中的记忆。儿童的世界无比美妙，其图景可谓五彩斑斓，这与他们天才般的想象力是分不开的。以某幼儿园的"六一"表演为例：幼儿表演《悯农》，四组幼儿先两两展开关于就餐的对话，随后分别表演锄草、播种、插秧、收割，每组幼儿的服装不尽相同，道具也不一样。这场表演由教师导演、家长配合、学生参与，效果明显，从表象上看至少有三点意义：（1）对大多数幼儿而言，"六一"表演是其人生第一次正式登上舞台；（2）《悯农》可能成为幼儿人生展示才艺的重要内容之一；（3）儿童人格发育的品质来自诸如相应的现实演出场景及其感觉的不断叠加，由此养成这样那样的习惯，这不是件小事，恰恰相反，它比一切都重要。[3]

三、与儿童一起建构人格

促进儿童人格健康发育与成长不仅是关怀伦理的理想目标，也是师者、长者为了实现教育愿景，在与儿童相处的过程中不断纠正人格形塑的动机，以足够的耐心、热心跟随儿童成长过程中的"变"律。一般来说，无论是儿童的情绪，还是儿童正在发育的性格，都有一个显著的特点——变。这种在儿童成长过程中显现的多变、瞬变和常变的节律，需要成人持有伦理关怀的"可变、跟变、应变"的智慧。其一，以"可变"的律动跟随"多变"。在和儿童交往时，我们不难发现儿童的情绪就像夏天的天气一样，说变就变，变化的频率比成年人快得多。在这种情况下如果没有"可变"的思维、坚守成人的套路，往往容易激化情绪，甚至成人因为工作节奏快或者生活压力大等发生情绪迁移，形成一定的"冲突"甚至"战事"。其二，以"跟变"的节奏适应"瞬变"。有过陪伴儿童经历的人会发现，在和儿童玩游戏、搭积木、讲故事等过程中，他们往往会有突如其来的想法和行为，让原来的项目难以继续，其瞬变会让你感到很意外，甚至"束手无策"。有经验的家长、教师往往采取"跟变"的艺术满足儿童的要求，以更好地继续原来的项目。其三，以"应变"的节律应对"常变"。可以说，变化是儿童的常态。一般来说，教师、家长对此是有所了解的，难的是持之以恒地"以不变应万变"。在把握好儿童需求的同时，实时解答问题，满足其天性和好奇心，此种难能可贵的疼爱、大爱的伦理精神既可以成就儿童的人格发展，也能成就保育、培育者自身伦理型的人格。

【作者简介】张勤，女，伦理学博士，江苏第二师范学院、江苏省教育科学研究院原副院长、教授，河海大学思想政治理论教育兼职博士生导师，高校新时代师德教育研究中心负责人。

参考文献

[1] 吕静，周谷平.陈鹤琴教育论著选［M］.北京：人民教育出版社，1994.

[2] 弗吉尼亚·赫尔德.关怀伦理学［M］.苑莉均，译.北京：商务印书馆，2014.

[3] 檀传宝.西方教育经典导读：从苏格拉底到杜威［M］.桂林：广西师范大学出版社，2006.

大德育框架下初中"心·生"共育的实践探索

◎ 姜　垚 / 江苏省无锡市南长实验中学

陈小茂 / 江苏省无锡市凤翔实验学校

摘　要　大德育框架下初中"心·生"共育是以德育工作为基础,以青少年心理健康和生命发展为目标,开发利用心理潜能的教育活动。初中"心·生"共育的实践探索必须厘清大德育的价值导向及资源优势,观照"成人"的教育,利用完备的教育体系和资源,基于生命成长的要求把握教育的核心要义,基于生活逻辑寻找内容依托,跨界融合思考建构策略,从主体发展角度评估教育效能,多角度探索初中心理健康和生命教育实施路径。

关键词　德育工作　心理健康　生命教育

大德育即全人的德育,跳出传统道德教育的狭义范畴,落实立德树人根本任务,强调全员、全过程、全方位的"三全"育人理念,覆盖学校、家庭、社会各群体,实现大中小学一体化全程教育,调动一切可利用资源,持续贯穿课程、活动、环境等育人渠道。《中小学德育工作指南》明确将心理健康教育作为德育的重要内容,要求开展认识自我、尊重生命等方面的教育,引导学生增强调控心理、应对挫折、适应环境的能力,培养学生健全的人格、积极的心态和良好的个性心理品质。[1]初中阶段的学生处在生命成长的重要时期,正面临自我认同与角色混乱的冲突,正确、有效的生命教育有助于学生形成正确的世界观、人生观、价值观,具备自我心理健康意识与能力。

一、大德育的价值导向及资源优势

随着学校德育工作的不断深入,德育概念被赋予更宏大的理解,即"大德育"。大德育强调以学生为主体,遵循学生发展规律,以"成人"的教育为最终价值导向,同时适当扩大德育外延,充分利用资源优势,考虑时空上的阶段性与连续性,整体架构育人格局,提升德育体系完备性。

(一)"成人"的教育:大德育的价值导向

人才的培养是育人和育才相结合的过

程。从学生的主体性出发，"成人"贯穿人的一生，是大德育的目标，是教育不可推卸的责任。初中阶段的学生处于人格发展的关键期，大德育尊重学生个性差异，帮助学生认识和理解社会、自然和人类自身。

聚焦初中"心·生"共育，"成人"的教育在于引导学生尊重生命、珍爱生命、敬畏生命、探索生命、热爱生命。尊重不仅体现在对个体生命的珍视，也体现在对所有生命的平等对待和保护。[2]要求学生在日常生活中注重生命安全和健康，避免过度消耗和浪费生命资源，引导学生对生命保持敬畏之心，同时也要尊重生命的自然规律和节奏，避免过度干预和破坏。鼓励学生积极追求生命的意义和价值，培养积极的生活态度和行为，使青春期学生形成健康的生活方式和良好的心理素质，充分发挥自己的潜能和才华，实现个人的价值和追求。

（二）完备的体系：大德育的资源优势

大德育是一个复杂的系统，将平面的"狭义德育"立体化，形成更为完备的德育体系。从横向上看，大德育涵盖丰富的德育内容，具备多样化的教育手段，包括课堂教学、社会实践、校园文化活动等，让学生在多样化的情境和经历中获得知识和成长，提高教育的针对性和实效性。大德育涉及个体、学校、家庭、社会等各类群体，关注个体成长，有一支专业化的教师队伍来支撑，他们具备丰富的教育经验和深厚的专业素养，能够为学生提供优质的教育服务。通过加强校家社协同育人能力，充分利用家长学校、社区活动、网络资源等整体驱动资源，可以满足学生多样化的教育需求。[3]同时，结合初中生心理发展特点，挖掘个体力量，提升自我生命意识，形成积极向上的生活态度，发挥群体中的辐射作用，传播生命教育的理念。

从纵向上看，大德育关注个体生命全过程的德育经历，提倡大中小一体化德育。针对初中生的成长历程，遵循青春期学生的发展规律，形成阶段性德育特色，依照循序渐进、螺旋上升的原则，同时依托小学心理健康教育的背景，注重德育衔接与贯通，确保生命教育的连续性，让学生在成长中持续接受正确的生命教育。

二、大德育框架下初中"心·生"共育的核心要义及内容依托

面向青少年的"心·生"共育越来越得到社会各界的高度重视，但其核心要义的辨析以及内容依托的规则仍不清晰，成效不明显。本文从更广泛的大德育视角审视初中"心·生"共育的核心要义及内容依托，尝试为初中生成长教育提供更明确、有效的路径。

（一）基于生命成长把握核心要义

遵循生命成长的基本规律，理解青春期学生的需求，尊重学生的个性差异，提高生命活动的质量，是把握生命教育核心要义的重要前提。大德育背景下的初中生生命教育的核心在于对生命信念的培养和生命资源的管理。

生命信念是指个体对生命意义、价值

和目的的内在信仰和坚守，它决定了人的生命态度和目标追求。[4]健康的生命信念能够帮助学生认识到生命的宝贵和脆弱，激发他们珍惜生命、热爱生活的情感。在教育过程中引导初中生树立正确的生命观，内化生命需求，让他们明白生命不仅是个人的，也是社会的、家庭的，每个人都有责任和义务去创造和贡献。同时，帮助初中生建立积极向上的人生态度，勇敢面对生活中的挑战和困难。生命资源的管理则是指个体如何有效地规划、利用和保护自己的生命资源，以实现生命的最大价值和意义。青春期学生处于生命成长的不稳定期，极易产生迷茫与错乱，有效的生命资源管理能够帮助他们更好地规划自己的人生道路，充分利用时间和资源，实现个人的成长和发展。这包括在学校、家庭，甚至社会力量的帮助下设定明确的目标、制订合理的计划、培养自律和自主管理等能力。

生命信念的培养与生命资源的管理是相互关联的。一个坚定的生命信念可以为学生提供方向和动力，使他们更加明确自己的人生目标和价值追求，而有效的生命资源管理则可以帮助学生更好地实现这些目标，让他们的生命更加充实和有意义。生命信念培养与生命资源管理以生命成长为基石，应该注重培养初中生的生命信念，引导他们树立正确的生命观和价值观，同时也要帮助他们提升生命管理能力，让他们能够更好地规划、利用和保护自己的生命资源，培养更加健康、积极、有责任感和担当的青少年。

（二）基于生活逻辑寻找内容依托

基于生活逻辑寻找初中"心·生"共育内容依托准则是大德育理念下以学生为主体的重要要求，即"教育什么"需要结合青少年的生活经验和情感体验进行具体选择，挑选与其生活密切相关的话题，充分考虑他们的学校生活、家庭生活、社会人际、兴趣爱好、现实困惑等，积极引导他们通过亲身实践来感受生命的独特性和珍贵性。

《中国国民心理健康发展报告（2021~2022）》显示，青少年抑郁风险检出率为14.8%，高于成年人群体。青少年的生命教育复杂而紧迫，基于生活逻辑寻找"心·生"共育内容依托需要考虑生活现状、问题。

可以从以下几方面选择内容：第一，借助生活实例进行教育。结合学生的生活实际，选取一些与生命教育相关的实例。如《传递生命正能量》一课，利用身边的动植物、榜样人物，社会热点事件等，引导学生通过观察和思考来认识生命的多样性和复杂性，传递生命正能量。[5]第二，强调实践操作和体验。学生可以参加一些实践活动，如放飞纸飞机、"孕妇妈妈"初体验、"创孕田园"种植养护、"生命树"绘制、模拟灾难逃生和急救、家庭亲子心理拓展等，在亲身体验中感受生命的成长和变化，明白生命的脆弱和宝贵，领悟生命的温暖和美好。第三，考虑认知水平与个体差异。教育者应根据初中生的认知发展特点选择适当的教育内容，鼓励学生进行反思和分享。如指导他们思考生命的意义并写下自己的感受，或者与同伴分享自己在生命教育过程中的经历和收获。这种反思和分享的过程有助于加深学生对生命教育的理解，提升教育内容的适宜性和有效性，满足不同个体的需求。

三、大德育框架下初中"心·生"共育的建构策略及效能评估

初中心理健康生命教育的建构策略及效能评估是一个综合性的过程，旨在确保教育活动的有效性，帮助学生理解生命的价值、意义和责任，培养他们积极、健康的生活态度，促进学生的全面发展。

（一）基于跨界融合的建构策略

大德育视域下基于跨界融合的初中心理健康生命教育建构策略旨在通过跨学科整合、跨界合作、体验式学习、技术融合、个性化教育等方式，为学生提供全面、深入、有趣的活动体验，促进学生的全面发展。以下是具体的建构策略：

1. 跨学科整合

一是课程融合，在初中科学、艺术、社会学等学科内容中融入心理健康教育和生命教育内容，如以多元化的视角探讨心理健康与生命成长的问题等。二是设计跨学科的学习项目，如心理健康与艺术创作、生命科学与社会责任等，让学生在实践中体验知识的融合与应用。[6]

2. 跨界合作

一是与社区、高校合作，共同开展心理健康和生命教育活动，如心理健康讲座、生命体验活动等。二是与专业机构合作，邀请心理健康专家、心理咨询师等

参与学校教育活动，提供专业的指导和支持。

3. 体验式学习

一是模拟实践，通过角色扮演、模拟情境等方式，让学生在模拟实践中体验心理健康和生命成长的挑战与应对。二是实地考察，组织学生参观心理健康中心、生命科学博物馆等场所，亲身感受心理健康与生命科学的魅力。

4. 技术融合

可以运用虚拟现实（VR）、增强现实（AR）等数字技术，创建沉浸式的心理健康和生命教育体验。还可以利用在线教育资源和平台，为学生提供自主学习心理健康和生命教育的机会。

5. 个性化教育

如根据学生的心理健康状况和生命成长需求，制订个性化的教育计划，满足不同学生的需求。对有特殊需要的学生提供特别关注和支持，如心理咨询、生命导师等。

（二）基于主体发展的效能评估

初中心理健康生命教育的效能评估，主要聚焦于"心·生"共育对学生主体发展的促进作用及目标达成度。评估内容涵盖学生知识技能的掌握情况，情感、态度和价值观的积极程度，心理素质的提升情况，行为表现与社交能力，以及自主学习与自我管理能力的培养情况。

通过测试、问卷、作业等方式，评估学生心理健康和生命教育相关知识的掌握程度。同时，采用自我报告、同伴评价、教师观察等手段，考量学生在情感、态度

和价值观方面的积极程度，了解其是否形成了积极健康的价值观。在心理素质方面，必要时采用心理健康量表、心理韧性量表等工具，测评学生在面对压力、挫折时的心理承受能力和自我调节能力的提升情况。此外，通过观察学生的行为表现和社交技能，评估其在日常生活和学习中处理人际关系、解决冲突以及展现积极社交行为的能力。同时，通过检验学生的学习计划和时间管理记录，评估其自主学习和自我管理能力的培养情况。

在进行效能评估时，需要注意采用多元评价、动态评估和个性化评估的方式，使用多种评价方法和工具，以获取更全面、客观的评价结果，定期评估学生的发展情况，以便及时发现问题并进行有针对性的干预。针对不同学生的特点和需求，制定个性化的评估方案，以更好地反映学生的主体发展情况。

大德育视域下，初中"心·生"共育是对新时代教育大格局的深刻理解，也是以生为本的具体表达，切实践行了立德树人根本任务，帮助学生更好地认识自己，理解生命，践行生命至上理念，从而实现全面、健康的发展。

【作者简介】姜垚，女，江苏省无锡市南长实验中学教师，一级教师，江苏省班主任基本功大赛一等奖获得者，无锡市德育新秀；陈小茂，女，江苏省无锡市凤翔实验学校教师，高级教师，无锡市德育工作带头人。

参考文献

[1] 中华人民共和国教育部.关于印发《中小学德育工作指南》的通知[EB/OL].（2017-08-22）[2024-10-20].http://www.moe.gov.cn/srcsite/A06/s3325/201709/t20170904_313128.html.

[2] 中华人民共和国教育部.关于印发《生命安全与健康教育进中小学课程教材指南》的通知[EB/OL].（2021-11-02）[2024-10-20].http://www.moe.gov.cn/srcsite/A26/s8001/202111/t20211115_579815.html.

[3] 张冲."大德育"工作新课题：打开孤独症儿童心扉[J].中国德育，2023（20）：28—31.

[4] 胡中月.新时代青少年生命教育一体化探析[J].教育科学研究，2024（1）：83—89.

[5]《青少年心理健康生命教育丛书》编写组.健康从心开始，生命因你绽放[M].南京：江苏凤凰文艺出版社，2023.

[6] 林崇德.积极而科学地开展心理健康教育[J].北京师范大学学报（社会科学版），2003（1）：31—37.

低生育率背景下托幼一体化模式实施路径探究

◎ 张红梅 / 江苏省泰州市寺巷幼儿园

徐莹莹 / 泰州学院教育科学学院

摘 要 本文以泰州市寺巷幼儿园开办的百草园托育机构为例，探讨了低生育率背景下托幼一体化的实施路径，借鉴3—6岁幼儿的教育经验，充分发挥园所资源，尝试将托育中心与幼儿园融合发展，逐步积累托幼一体化服务经验，探索出"一个氛围"（家的氛围）、"两个功能"（照护和教育）、"三大课程"（百草园食育课程、百草园户外课程、百草园亲子课程）的实践模式，进一步揭示了对婴幼儿的教育不是任务导向的，而是情感导向、心灵需求导向的。

关键词 托幼一体化 托幼服务 课程建设

婴幼儿时期作为人生的伊始阶段，是个体接受教育的重要开端，托育服务也成为人们普遍关注的民生议题。在低生育率背景下，幼儿园生源短缺成为不争的事实，办好托育机构、探索托幼一体化的实践模式，既是顺应学前教育领域重要的改革方向，也是园所生存之所需。2022年6月，泰州市寺巷幼儿园注册成立了泰州市百草园托育有限公司，于2022年秋学期开始招收3岁以下婴幼儿。作为一所办园40多年的乡镇幼儿园，在研究3—6岁幼儿的过程中取得了一些成效，但3岁以下婴幼儿的发展特点是什么，他们的需求是什么，开发什么样的课程来促进他们的发展，是需要探究的。这些既是挑战也是机遇。在认真学习了国家相关政策文件后，我们借鉴3—6岁幼儿的教育经验，充分发挥园所资源，尝试将托育中心与幼儿园融合发展，逐步积累托幼一体化服务经验，探索出"一个氛围"（家的氛围）、"两个功能"（照护和教育）、"三大课程"（百草园食育课程、百草园户外课程、百草园亲子课程）的实践模式。

一、"一个氛围"：家的氛围

入园是幼儿从家庭生活走向社会生活的第一步，幼儿走出自己熟悉的家庭来到一个完全陌生的环境，会缺乏安全感，产生分离焦虑，这是幼儿入园适应的最大障碍。陈鹤琴先生曾指出，幼儿园应该像家庭，而不是过于像学校。托班的环境更应该与家庭的起居环境相似，应该柔和、柔软、温馨、宁静，这样才能有效缓解婴幼儿的分离焦虑。百草园的环境创设注重童趣，色彩温馨，为婴幼儿准备了各种玩具，如毛绒玩具、拖拉类玩具、过家家玩具、色彩鲜艳的插塑等，摆放在他们随时可以拿到的地方；还有各种动物形状的靠垫，可让他们抱抱、坐坐、玩玩；小床上摆放着婴幼儿从家里带来的心爱之物，如布娃娃和布动物；提供适合婴幼儿年龄特点的餐具、水杯和便具；卡通图案的窗帘、水果形状的桌椅使婴幼儿的生活空间充满情趣；活动区里的海绵垫子可让他们随意摆放，累了可以趴在上面休息。从婴幼儿入园第一天起，保教人员就像妈妈那样去呵护每一个孩子，通过抚摸、拉手、搂抱等满足他们爱与被爱的需要，以温和、亲切、平等的态度对待每一个孩子，经常与他们进行一对一、面对面的对话，耐心、细致、周到地照顾他们的生活，多关怀少距离、多满足少要求，努力为婴幼儿营造安全、温馨的心理环境，使他们在"家"的氛围中健康发展。

二、"两个功能"：照护和教育

我们意识到，对托班幼儿的保育不应仅仅是在小班幼儿保育的基础上缩短时间、简化内容，实施托育既需要理论的更新，又需要实操的带领。为此，我们一直在寻求专业的指导。在参照执行国家卫生健康委办公厅印发的《3岁以下婴幼儿健康养育照护指南（试行）》的基础上，百草园托育机构更注重婴幼儿的营养与喂养等生活方面的照护。首先注重饮食粗细搭配和多样化。给婴幼儿准备的食物注意粗细搭配，每日膳食由谷薯类、肉类、蛋类、豆类、乳及乳制品、蔬菜、水果等组成。18个月的幼儿的食物可以切一些小块状，提醒幼儿多次咀嚼；24个月以上的幼儿的食物可以切得大一些，锻炼幼儿的咀嚼能力，从而促进幼儿口腔肌肉的发展，为幼儿的语言发展打下基础。少量多次地添加饭菜，使用保温桶、微波炉等解决婴幼儿吃饭时间长导致饭菜冷的问题。其次将烹饪方式化繁为简。合理烹调，适量油脂，少盐、少糖、少调味品，采用蒸、煮、炖、煨等方法，少用油炸、熏制、卤制等。对带奶瓶和纸尿裤上学的婴幼儿，教师会和家长确认喂奶时间和更换纸尿裤的时间。在婴幼儿大便后及时清洗，让婴幼儿保持干净、卫生，以防得尿布疹。

3岁以下婴幼儿正处于语言发育最重要的时期，百草园托育机构遵循婴幼儿语言发展的规律，研究婴幼儿语言指导策略，不仅采用儿歌式语言、对话式语言来营造语言氛围，引导幼儿模仿学习，更注重教师自身语言的使用策略。面对月龄小的婴幼儿，教师在与其交流时，会使用简单的句子，注意发音准确、细声细语、语速缓慢，用温和、略夸张的语气和声调引起他们的注意，给他们接受、反应的时间；在叙述较长的句子时，会配合明显的肢体动作,清楚地说给他们听,训练婴幼儿的"听话"能力。在婴幼儿说话时,教师会耐心等待、积极回应,并尽可能多地利用身边的人和物,鼓励他们多开口说话,如见到汽车学汽车鸣叫,见到小花向花问好……当他们说出较长的句子时,会给予适当的奖励,如一个拥抱,或者教师再附和着说一次,让他们明确自己的表达正确,从而更有表达的兴趣。

三、"三大课程":百草园食育课程、百草园户外课程、百草园亲子课程

在泰州市寺巷幼儿园蒲公英课程"让每一个孩子在生活中自由生长"目标的指引下,结合3岁以下婴幼儿身心发展的特点,我们开发出百草园食育课程、百草园户外课程和百草园亲子课程。

百草园托育机构以婴幼儿日常接触的食物为载体,开展了食育课程。在幼儿就餐之前,教师会引导幼儿观察食物,了解食物名称、原材料、外形特征和营养成分等。在幼儿就餐的过程中,教师陪餐,用自己良好的饮食习惯引导幼儿从需要喂饭过渡到自主就餐,形成健康、规律的饮食结构。开展节气食育,如"春分到,蛋儿俏"的春分竖蛋游戏时光、艾草碧绿青团飘香的清明时节、"吃苦尝鲜"过夏天的小满之日、粽叶飘香的端午时节……从婴幼儿的随意性表现中提炼学习内容,接纳婴幼儿自发的、自由的学习探索的状态,使他们的无意积累转化为经验和能力。春耕、夏种、秋收、冬藏,食育课程诠释了生活就是最好的

教育。

泰州市寺巷幼儿园拥有10000多平方米的户外活动场地,也为托班幼儿提供了自由活动的场所。春天,幼儿在户外观看五彩斑斓的世界,惊奇地发现小蜗牛,看树叶又冒新绿;夏季,教师带着幼儿打水仗、挖河道、扔泥巴;秋天,幼儿用手臂测量大树、看落叶、捡树叶;冬天,幼儿堆雪人、打雪仗,在雪地上飞舞、奔跑。兔子、鸽子、鸡、鸭、鹅、羊、随处可见的小虫子成了幼儿的好朋友。种植园里,幼儿亲手播下一粒粒种子,收获一颗颗果实。小厨房里,幼儿择菜、洗菜,忙得不亦乐乎!农耕博物馆、叶子博物馆、气味博物馆、中草药博物馆、石头博物馆、果园里都留下了幼儿的欢声笑语。幼儿滑索、爬网、骑小车、玩球、滑草、荡秋千、拓印、搭建,收集自然物,自发探究如何使物体发出声音。丰富的运动、游戏帮助幼儿探索和感知客观世界,让幼儿拥有生活和学习等多方面的技能,也为童年留下了许多难忘的回忆。

百草园托育机构在为3岁以下婴幼儿提供科学教育和教养的同时,也通过家园联动机制,提高家庭教养婴幼儿的素养。如以社区为依托,举办早教亲子体验活动,走进园博园、科技馆、海军纪念馆,在活动中给予早期教育的宣传和指导;举办亲子家长学校,给予婴幼儿喂养的科学指导,以及有关疾病知识的防御与家庭治疗、成长早期教育的引导与培养等各方面知识的培训,解答婴幼儿看护人提出的各种教育问题;开展"爸爸动动团""妈妈故事团"

活动，实现家园共育；开展亲子早期阅读，指导家长帮助婴幼儿丰富词汇，规范语言；邀请家长观摩婴幼儿的一日生活日常，鼓励家长从家庭视角提出改善保育质量的有针对性的建议，以形成机构与家庭的良性互动；实行错时入园，提供周一至周五和周三至周日的入托模式，供家长根据自身情况选择时间段，方便家长参加亲子活动。

托幼一体化既是一种教育理念，又是一种管理机制。自开办以来，百草园托育机构在实践中摸索，在实践中研究，不断

提高服务品质。未来，托幼一体化仍在继续呼唤着我们，需要我们从理念到行为不断探索，为婴幼儿的发展找准方位和坐标。

［本文系 2023 年度江苏省教育科学规划重点课题"江苏省 0—3 岁处境不利儿童的家庭教育支持研究"（编号：B/2023/01/12）的阶段性研究成果。］

【作者简介】张红梅，女，江苏省泰州市寺巷幼儿园党支部书记、园长，高级教师；徐莹莹，女，泰州学院教育科学学院副院长，副教授，博士，研究方向为学前教育政策研究。

参考文献

［1］杨蓉.托幼一体化的教育实践［M］.南京：江苏凤凰少年儿童出版社，2015.

［2］陈飞飞.X 市 2—3 岁婴幼儿托班课程现状的调查研究［D］.浙江：浙江师范大学，2019.

［3］梁媛.婴幼儿托育机构发展困境探究——以上海市为例［D］.上海：华东师范大学，2022.

［4］王馨.托班婴幼儿生活自理能力养成的行动研究——基于家园共育视角［D］.鞍山：鞍山师范学院，2022.

［5］彭晓梅，苏雪云.托幼一体视角下 0~3 岁托育机构环境创设探讨［J］.上海托幼，2022（Z2）：24—25.

"高效6+1"

——关于教学方法的探索与创新之十六

◎ 周成平／江苏第二师范学院

在当前我国基础教育界，提及河北衡水中学，也许没有人不知道；而说到石家庄精英中学，可能真有很多人不知晓。今天，我们之所以要把这两所中学相提并论，是因为它们先后共有过一位著名的校长——李金池。

李金池校长曾是"衡水现象"的创造者。1992年至2004年，李金池在担任衡水中学校长期间励精图治、改革创新，把一所原来名不见经传的普通中学打造成全国名校，创造了基础教育界举国知名的"衡水现象"。2010年，李金池校长进军石家庄精英中学，经过多年的奋斗，又隆重推出了"精英奇迹"——这所原本已难以为继的学校终于脱胎换骨、浴火重生，成为全国高中课改的典型学校。目前，该校高中应届毕业生一本达线人数已从原来的个位数一路攀升为四位数，占比达90%以上。为何会出现如此精彩的"精英奇迹"？靠的就是李金池校长及其管理团队的"三板斧"——激情教育、高效课堂和精细管理。其中，高效课堂的核心正是"高效6+1"——课堂教学方法的改革与创新。

那么，什么是"高效6+1"呢？笔者曾于2014年至2016年三次实地考察、调研石家庄精英中学，与李金池校长及其管理团队主要管理人员有过深入的交流与讨论。所谓"高效6+1"，指的是导、思、议、展、评、检＋用（实践迁移）。在该校每位教师的课堂上，其PPT左上角都会依次出现这七个汉字。导是课堂的起点，包括导入和导学。思是学生自读深思，这个环节很像洋思中学的"先学"，即学生在教师的指导下进行自主学习。议就是小组合作学习，即学生之间的讨论与交流。展就是激情展示，在小组讨论之后，进入展示环节，学生或口头表述，或到黑板上板演，展示自己的学习成果。评指的是点评精讲，包括学生的自评与互评以及教师的点评与精讲。检就是检测反馈，在这个环节主要是检验本节课学生学习的效果和学习目标的落实情况。用就是巩固迁移，学以致用，强调所学到的任何知识都需要在实践中加以应用，以达到牢固掌握知识的目的。笔者在石家庄精英中学考察时看到，该校的教学团队几乎所有成员都对"高效6+1"心领神会、情有独钟、运用自如、得心应手。这种教学法已成为石家庄精英中学走出困境、取得骄人高考成绩的重要法宝。

"高效6+1"教学法为李金池校长及其

团队首创，但也并非完全新砌炉灶、"空穴来风"。按照李金池校长的介绍，这种教学法与其他方法一样，也是学习、继承与探索、创新的结果。李金池校长说，"高效6+1"体取上海（段力佩校长）、头取江苏（洋思中学）、臂取山东（杜郎口中学）、脑接陕西（陕西师范大学张熊飞教授，诱思探究教育的倡导者）、源在衡水（河北衡水中学）、魂在精英（石家庄精英中学）。由此我们认为，"高效6+1"是立足本校实情，博采各家所长，大胆革新创造，勇于推陈出新的成果。

"高效6+1"教学法的显著特点有：一是遵循认知规律。传统的课堂教学往往偏重以教师"教"的逻辑来进行设计，更多关注的是学习内容中的重点、难点，特别是应试目标中的考点、要点和得分点等，以搬运、传授和灌输为主要手段，对学生学习的认知规律关注不够，甚至有意无意地淡忘了这些。而"高效6+1"充分尊重学生学习的认知规律，学生往往能主动参与、积极建构，对应掌握的知识抓得准、学得好、记得牢、用得活，收到了事半功倍的效果。二是激发学习兴趣。"高效6+1"在实施过程中特别注重激发学生的学习兴趣。笔者在石家庄精英中学听课时发现，"思"这一阶段，其实就是教师指导下的自学。课堂上如没有教师的精心设计和有效激发，就难以达成良好的效果。三是注重精细指导。石家庄精英中学强调精细管理，这一精神也体现在指导学生学习的过程之中。在导、思、议、展、评、检各个环节上，各学科教师都精心备课、精心设计、精益求精，给学生以精细到位的指导，从而保证了"高效6+1"的有效实施。四是强化学以致用。对于"高效6+1"中的"+1"，李金池校长视为关键，紧抓不放。他多次强调，这个"+1"就是练习、应用，即巩固迁移、学以致用。如果说前六个字强调的是课堂上的"学"的话，那么"+1"则突出的是课后的"练"。注重学练结合、强化巩固迁移才构成一个完整的学习过程。

综上所述，我们认为，石家庄精英中学的发展历程充分说明了"高效6+1"是课堂教学的一种好方法，值得充分肯定和大力推广。

【作者简介】周成平，男，江苏第二师范学院教授。

基于激发内驱力的区域教师培养体系建设探索

——以深圳市罗湖区为例

◎ 李春娥／广东省深圳市罗湖区教育科学研究院

摘　要　外塑型与内驱型是教师专业发展的两种基本模式。内驱力是教师专业发展的根本动力，外力需要借助内驱力发挥作用。基于激发内驱力的教师培养体系要关注教师的自主性、发展目标和内在成就感。深圳市罗湖区设计和实施了基于激发内驱力的"五环一体"教师培养体系，以晋级导向、项目驱动、研训赋能、实践历练、达标晋级五个环节为驱动，为教师自主发展提供了有效路径。

关键词　内驱力　区域教师培养体系　实践探索

2024年8月颁布的《中共中央　国务院关于弘扬教育家精神加强新时代高素质专业化教师队伍建设的意见》指出，要"打造一支师德高尚、业务精湛、结构合理、充满活力的高素质专业化教师队伍，为加快教育现代化、建设教育强国、办好人民满意的教育提供坚强支撑"[1]。该文件重申了教师专业发展对国家发展的重大意义。于教师而言，高素质、专业化是教师促进自身职业发展和实现个人价值的职业追求。正是基于教师专业发展的重要性，在促进教师专业发展上形成了外塑型和内驱型两种模式。外塑型教师发展模式通过外部社会组织的推动和制度的规约，促进教师知识能力的训练和补充完善。[2]内驱型教师发展模式强调激发教师的内驱力，教师以自身的发展需求为驱动力不断寻求自我成长。两种教师发展模式并非完全对立，在接近教师职业生活的区域层面上，外塑与内驱的融合成为可能。基于这样的思考，深圳市罗湖区构建了基于激发内驱力的区域教师培养体系，以促进教师内外兼修和阶梯式成长。

一、激发内驱力：区域教师培养体系建设的价值选择

（一）激发内驱力的教师专业发展阐释

内驱力是推动教师专业发展的重要力量，强调激发教师的自我驱动和内在需求。有研究认为，人的行为源于强大的内部力量，即内驱力，而内驱力可能源自本能、需求和潜意识。[3]人持久的行动动力是源于内心的，驱动人长远前行的是个人的自主性、目标感和胜任感。[4]激发内驱力的教师专业发展指向个体层面和社会层面的内驱力，即为获取知识、解决问题以及得到社会认可、自我实现而产生的内在驱动

力。基于内驱力研究的学习动机理论强调内部动机的重要性，如自我效能感理论、成就动机理论。学习动机是直接推动学习者进行学习的内在驱动力，学习者的学习动力、学习目的、学习内容以及学习的主动性、努力程度及积极性等，都能够通过学习动机加以说明。[5]

基于有关内驱力和学习动机的研究，激发内驱力的教师专业发展关注教师的自主性、发展目标和内在成就感。首先，自主性是指教师专业发展源于自身的需要。当教师有发展的自主性后，他就会主动自觉地基于需求寻求资源、自主学习，更具有兴趣和持久性。其次，发展目标是指教师在自主发展的基础上为自身职业发展所做的设想与规划，是教师结合自身基础与学习能力而设定的，以自身学习所得为后盾，指向可预见的理想目标，如成长为名师或专家型教师等。最后，内在成就感是指教师在实践过程中通过学习与反思而收获的对内在变化的欣喜之感，往往表现在教师自身感知到自己在进步。内在成就感强调教师对自己所取得的成就的认可与肯定，他更有可能欣赏学习的内在价值，将努力视为定义其成功的主要因素，并根据自己建立的成就标准来评估能力和学习水平。[6]

（二）区域教师培养激发内驱力的价值追求

外塑型教师培养模式不仅会给教师带来压迫感，而且让教师缺乏学习提升的内驱力。缺少内驱力的被动发展，从培养者的角度而言，意味着缺少对教师个体和内在需求的观照，其结果是形式大于内容，导致教师专业发展的同质化，没有发挥教师培养的效能；从教师的角度而言，意味着一个鲜活个体的内在思维和情感因限制而不能发挥出应有的价值，没有兴趣深度参与培养项目。

在区域教师培养视域下，教师专业发展需要连接"外塑"与"内驱"。"外塑"是

注重在激发教师内驱力的基础上的"外塑"。为了推进基于激发内驱力的区域教师培养实践，区域教师培养主体首先要全面了解教师的发展现状，找出教师发展面临的问题。深圳市罗湖区通过集体座谈、随机走访、抽样调查等方式，获得了大量一手材料，发现区内教师成长路径和机制不明晰、老教师存在职业倦怠、新教师成长缓慢、名优教师评选周期长且比例低、教师自选机会少等问题。因此，在全面深入地进行问题探查的基础上，区域教师培养主体要更加强调教师内驱力的激发，设计实施针对区域内教师发展特点和个性化需求的教师培养体系，激发教师成长更多的可能性。

二、"五环一体"：区域教师培养体系的框架建构

（一）体系建构

内驱力源于教师自身发展的需要，而区域教师培养属于外部推动力量，其主要任务是通过外部力量激发教师的内驱力，进而带动教师自主发展。首先，总结内驱力和学习动机的相关研究，总结出区域层面激发教师内驱力的可行策略。一是设定具体而具有挑战性的目标；二是引领积极的自我认知，包括自我肯定和成长型思维培养；三是建立自主感，包括自主选择、自主开发、自主关联；四是提供即时反馈，包括内部反馈与外部反馈。其次，关联实际问题，形成初步的罗湖区教师培养体系。最后，经过专家论证和实践验证，形成了罗湖区基于激发内驱力的"晋级导向—项目驱动—研训赋能—实践历练—达标晋级"的"五环一体"教师培养体系，将教师内驱力贯穿始终，实行教研、科研、培训一体化培养。

（二）体系说明

晋级导向。构建新任教师—教坛新秀—骨干教师（骨干班主任、教科研骨

干）—学科名师（名班主任、教科研专家）—首席专家的教师发展梯级晋级体系，为教师的专业发展规划路径（见图1）。这

一环节旨在通过梯级目标指引，激发教师在可见的目标追求中不断进取，一步步地推进教师专业成长。

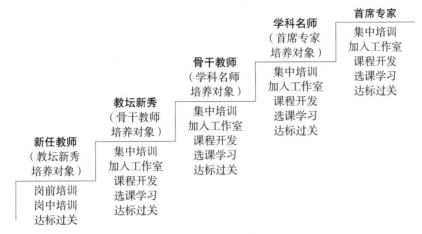

图 1　教师发展梯级晋级体系

项目驱动。围绕罗湖区教育高质量发展的难点和热点问题，设置系列科研攻关项目，如中小幼贯通培养体系建设、校家社协同育人、教育教学评价改革、特色课程建设等，促进科研与教学实践深度融合。这一环节通过科研项目给教师提供研究、反思和提升的平台，同时注重教师研究兴趣的挖掘和能力的培养，激发教师通过研究项目驱动自我提升。

研训赋能。构建区教师发展中心—"三名"工作室、集团校、基地校—一线教师构成的三级教师培养机制。秉持"输出即成长"的教师发展观，推进培养对象梳理经验、萃取教育教学技术、课程输出推广，打造线上线下有机结合的泛在学习生态。这一环节基于教师的需求进行分类且有针对性的培养和评价，为各类教师的发展提供条件，及时给予评价与反馈，激发教师的反思与自主性。

实践历练。构建必达项目（继续教育、单位评价）与自选项目（公开课、培训讲座、教师业务比赛、学生比赛指导、学术论文、课题研究、课程开发、教师引领指导、综合性荣誉、年度教师等）有机结合的实践历练模式。这一环节为教师的实践历练提供了平台和目标指引。设置自选项目，帮助教师清楚自身的优势与不足，让教师在可选的范围内根据自身需要加强实践历练，激发教师实践的愿望，提升教师的实践能力。

达标晋级。搭建教师发展数字化管理平台，根据教师的晋级申报、课程学习与梯级发展进度，通过必达项目与自选项目的累计积分制，智能生成教师发展数字画像。将以往的名师评选和名师培养环节倒置，让罗湖区全体教师加入。每年组织开展各个梯级教师的达标认定与培育工作，形成达标晋级与过程培养有机结合的工作机制。这一环节采用积分制达标晋级方式，不限名额、年龄，激励青年教师，每年认定，合格一个认定一个，不断充实名师队伍。这一环节打破了以往的认定等待期，先培养再认定，遵循梯队达标、宽进严升的原则，让教师看到了清晰的晋级路径，有助于激发教师在培养过程中积累实

力、积极主动地认定晋级。

"五环一体"中的"一体"体现在：这五个环节紧密相连、相辅相成，协同构建一个从新任教师到骨干教师再到学科名师的培养体系，全面、高效地促进教师个性化、系统化成长；教师自我成长需求与区域培养一体化，该体系通过目标引领、梯级发展、过程指导、自选项目等，激发教师发展自主性，让教师自主发展与区域推进相互促进，旨在通过培养项目让教师充满内在成就感；激发教师发展的内驱力贯穿始终，从自我认知到自我提升再到自我实现，于教师而言，具有自我发展的完整性。

三、项目推动：区域教师培养体系的实践路径

（一）行动逻辑

关注中小学教师专业能力提升意愿及其对专业发展保障的需求，并积极作为、有效回应，是促进教师队伍高质量发展的内在需要，也是实现教育高质量发展的重要路径。[8]基于激发内驱力的"五环一体"教师培养体系，遵循平台搭建—驱动实践—基地深化的行动逻辑，每一步行动均注重教师内驱力的激发，给教师提供满足其需求的发展机会。

平台支撑。以教师需求为导向，促进教师通过达标晋级提升专业能力，是"五环一体"区域教师培养的核心要义。这就需要搭建阶梯平台，为教师的专业成长铺路。基于此，罗湖区创建了由课程超市平台、课程直播平台、晋级达标平台、人事管理平台等构成的立体式线上资源平台，实现"五环一体"教师培养体系的智能化落地。

赛训一体。赛训是激发教师内驱力的实践探索，开展有针对性的丰富多样的赛训活动，能够调动教师深入参与的兴趣，激发教师展示自我的动力。有研究指出，自我实践提高、同伴学习交流、教师培训

是促进教师专业发展的三个重要维度。[9]罗湖区基于这三个维度开展了"万象杯"教师赛事活动、磨课教研活动、新教师指导培训等，均指向教师的教育教学实践，为高质量同伴交流提供机会，激发教师内在学习的动力。

基地培养。罗湖区成立"博士+"教育研究基地，着力推进如下工作：教学成果的提炼、培育与转化，推动罗湖区更多成果在更高级别的评选中脱颖而出；深港融合教育与教师队伍建设，建立专业团队促进两地教育交流；构建特色区本贯通课程体系，专注拔尖创新人才培养；开展教育数字化转型行动研究，推动区域教育智能化升级。成立教育研究基地旨在将教师的具体行动学术化、成果化，同时加强教师教育研究，发挥博士教师的优势，为其提供更深入的发展平台，驱动研究型教师成长。

（二）项目设计

为了更好地实施"五环一体"教师培养体系，罗湖区还以项目的形式具体落实平台要求、加深赛训一体、助力教育研究。例如，"万象杯"教师赛事活动包括青年教师教学能力大赛、教学基本功大赛、作业设计比赛、命题能力比赛、班主任专业能力大赛等；"百人听千课"指导行动精准把脉教师专业成长，提出教学设计的优化方法，并根据实际教学情况做总体调研评估，制定系列培养方案，做到全部参与、全部覆盖、全部记录、全体点评；新任教师"破茧"10项基本功过关考核指导行动，研制"两字一画"、阅读写作、听课议课、信息技术、沟通表达、教学设计、课堂教学、说课反思、学生管理、展示分享10项基本功考核标准；课程博览会活动赋能教师自主开发课程、自主展示课程、自主听课，广泛接受评课。这些项目的实施基于教师发展需求，激发教师积极参与，从基本功到优势能力展示，有助

于驱动教师的个性化成长，为"五环一体"教师培养体系的实施提供了载体。

（三）成果反思

罗湖区"五环一体"教师培养体系以激发教师的内驱力为基础，让外塑的区域教师培养行动成为推动教师内驱的动力，结合内外力量的调动，取得了良好的实践成果：培养区级名师（含教科研）1404人、名班主任172人，全区教师获得国家级奖项138项。教师不仅开阔了视野，能在区培项目中找到自己的定位，有了清晰的发展目标，还能够自我规划发展路线。基于激发内驱力的"五环一体"教师培养体系在实践中取得了一定的效果，但是在强化教师专业发展主动意识、凸显激发教师主体性行动、调动更多教师深度参与等方面

还有比较大的差距。这将是今后体系优化改进的重点，一方面优化教师培养课程体系，促使培养项目更符合教师需求，更能激发教师主动学习的动力；另一方面完善评价机制，在考查教师学习成果的同时重点考查教师的态度与行动力，提高教师内驱力的持续性。［本文系广东省教育科学规划重点课题"数智赋能区域中小学教师'五环一体'职后培养体系构建研究"（编号：2025ZQJK093）的阶段性研究成果。］

【作者简介】李春娥，女，广东省深圳市罗湖区教育科学研究院党总支书记、院长，广东省十佳校长、省教育年度人物、省基础教育教研基地主持人，第七届深圳市教育局督学，东北师范大学全日制硕士研究生导师。

参考文献

[1] 中共中央　国务院关于弘扬教育家精神加强新时代高素质专业化教师队伍建设的意见［EB/OL］.（2024-08-06）［2024-11-01］. https://www.gov.cn/gongbao/2024/issue_11566/202409/content_6973187.html.

[2] 徐帅，赵斌.从外塑到内修：教师专业发展的内驱力生成［J］.教育理论与实践，2018，38（25）：39—42.

[3] 罗伯特·伍德沃斯.动力心理学［M］.高申春，高冰莲，译.北京：中国人民大学出版社，2017.

[4] 丹尼尔·平克.驱动力［M］.龚怡屏，译.北京：中国财政经济出版社，2023.

[5] 陈剑敏.学习动机理论视角下的教师影响研究［J］.中国成人教育，2010（19）：115—116.

[6] Woon Chia Liu. Implicit Theories of Intelligence and Achievement Goals：A Look at Students' Intrinsic Motivation and Achievement in Mathematics［J］. Frontiers in Psychology，2021（12）：593715.

[7] 庞丽娟，王红蕾，张雅倩，等.教育高质量发展背景下中小学教师专业能力提升意愿、需求及建议［J］.北京师范大学学报（社会科学版），2024（4）：39-47.

[8] 陈聪.区域教师发展共同体的主要特征、实现策略和质量引线［J］.教学与管理，2024（6）：33—38.

沉浸·深度：整本书的阅读路径选择

◎ 叶　进／江苏省泰兴市鼓楼教育集团江平分校

杨美玲／江苏省泰兴市襟江小学教育集团济川分校

摘　要　本文基于拓展型学习任务群之"整本书阅读"，结合现阶段小学生整本书阅读无序、随意、散漫的现状，提出整本书阅读之"任务＋设计""梳理＋勾连""交流＋探究""表达＋迁移"四步走的阅读路径，逐步带领学生深度沉浸书本，养成良好的读书习惯，以期落实整本书阅读的教学要求。

关键词　阅读路径　整本书阅读　小学语文阅读

随着 2022 年版语文课程标准的颁布，作为拓展型学习任务群之一的"整本书阅读"进入课程体系。特级教师王崧舟认为，整本书阅读是对单篇阅读的纠偏和拓展，是对促进学生核心素养发展的深度回应，是养成终身阅读习惯的必然需要。如何在教学中落实整本书阅读的要求，全面提升学生的核心素养呢？结合现阶段小学生整本书阅读无序、随意、散漫的现状，笔者认为整本书阅读可以统整设计相关任务，由浅入深地开辟阅读路径，带领学生深度沉浸整本书，引导学生学习整本书阅读的方法，交流研讨阅读中的话题，积累整本书阅读的经验，提升阅读鉴赏能力，使整本书阅读变得有效、严谨、理性。

一、任务＋设计：整本书的理解感知

在阅读之初，教师可根据书的篇幅，合理设计一定的阅读任务，有计划地带领学生阅读，形成初步感知。

一是分解阅读任务。相对于单篇，整本书的内容多，有的学生读起来困难。为了保证阅读的效果，可以每天布置适量的阅读篇目。比如初次阅读《俗世奇人》这本书时，可以每天布置阅读 3—4 个篇目，让学生在有效注意的时间内完成阅读。

二是尝试设计问题。为提高阅读的质量，可让学生围绕当天的阅读内容设计 2—3 个问题，第二天课前交流，还可以评选"最佳出题人"。这样既能考查学生的阅读效果，又能培养专注的好习惯。

三是利用微课导读。整本书内容多，不少学生缺乏阅读的兴趣，对于阅读任务敷衍了事。教师可以搜寻与图书相关的微课视频，视频中有生动的画面描述，有丰富的人物介绍，有具体有效的读书方法……随后结合学生的阅读状态灵活安排，相机呈现，有利于将学生的阅读转为"悦读"。

二、梳理＋勾连：整本书的内容建构

读一本书，最重要的是思考。英国散文家兰姆说："你可以从别人那里汲取某些思想，但必须用你自己的方式加以思考，在你的模子里铸成你思想的砂型。"新课标提出要"综合运用多种方法阅读整本书"，如何使用恰当的阅读策略，系统地指导学生进行整本书内容建构，形成自己个性化的阅读体验呢？笔者认为，可从以下几方面入手：

一是内容把握。整本书阅读任务群中提出"学习梳理作品的基本内容"，读整本书，首先就是读懂内容。阅读就是思考，可以对章节内容进行故事概括，可以梳理每个章节的起因、经过、结果，还可以用思维导图梳理出主要人物的经历。有可操作的阅读方法，学生很快就能对整本书的内容留下深刻印象。

二是人物特点。人物是小说的灵魂，一本好书必有一群鲜活的人物。教师引导学生在阅读过程中关注有个性的人，通过"他是个怎样的人""他给你留下了怎样的印象"等问题促进学生思考，在书上批注出人物评价、人物特点等，培养学生"不动笔墨不读书"的好习惯，加深对人物的理解。

三是情节勾连。在学生了解整本书的内容后，可以让学生结合目录，勾连前后相关情节，梳理出故事发展的脉络以及人物变化的特点。如阅读《鲁滨逊漂流记》后，笔者让学生梳理"鲁滨逊荒岛生活十大事记"，这就需要学生对所读内容进行前后联系、比较分析、概括判断，结合自己的经验、理解，找出鲁滨逊荒岛生活中重要的事情。学生通过不断阅读和思考，有

效地串联整本书的内容、情节、人物等，加强对整本书的内容建构。这样学生获得的不仅仅是"点"上的零碎知识，更重要的是"面"上的整体把握。

三、交流＋探究：整本书的思辨交流

新课标在"整本书阅读"任务群中提出要"借助多种方式分享阅读心得，交流研讨阅读中的问题，积累整本书阅读经验"[1]。由此可见，交流对整本书的阅读起着举足轻重的作用。在整本书阅读过程中，笔者认为尤其要从"思辨"的角度引导学生进行有效的交流，提升学生的思维能力和思维品质。

一是聊聊故事和情节。语言是思维的外衣，语言在发展的同时思维也在发展，二者相互促进。因此，在交流的起始阶段，可以让学生聊聊书中的故事情节，学生若能概括书中故事并用语言表达出来，良好的阅读行为就会得到强化。要知道，能够将读过的书说清楚，这本身就是一个很有价值的行为，这个行为同时也是完整表达自己的最佳练习。[2]

二是交流感兴趣的话题。随着阅读的深入，可以让学生针对作品中感兴趣的话题展开交流，比如"有趣的人物""精彩情节""不明白的地方""故事中的伏笔""生活中的影子""我最大的收获"等议题，在多角度的讨论中，碰撞出新的思维火花。比如对《尼尔斯骑鹅旅行记》中的灰雁美羽的看法：有学生认为它很善良；有学生提出了不同意见，认为善良也要有一定的界限，过分善良就是软弱；还有学生从美羽的身上受到启发，认为"防人之心不可无"……讨论的过程就是思考的过程，呈现出学生的多元解读。这正是读书的价

值所在，不仅培养了学生的思辨意识，还促进了学生思辨能力的发展。

三是关注作者及创作背景。笔者认为交流的第三阶段要关注作者及创作背景。基模理论认为，倘若学生的知识有限，在阅读时补充必要的背景知识，能增进他们理解与投入的程度。比如阅读《时代广场的蟋蟀》这本书，针对"柴斯特最后为什么会选择回家呢"这个话题，可结合搜集到的作者资料以及纽约大都市的特点，然后去理解柴斯特回家的心路历程就变得容易得多。以作者的经历和写作的背景为切入口，阅读就走向了深入，走向了思辨，整本书的主旨也探究得更清晰。

四、表达＋迁移：整本书的言意创生

新课标提出，在语文课程中，学生的思维能力、审美创造、文化自信都以语言运用为基础，要让学生感受文字内涵，积累丰富语料，获得良好语感，形成语言经验，因此阅读后期要充分挖掘整本书中的语用训练，通过言意创生学习表达和迁移，提升学生的语言运用能力。

一是撰写阅读鉴赏。阅读后期，用"本书中最让你_____的故事"（在横线上填表达感受的词语）、"我眼中的_____（书中人物）"、"最喜欢／讨厌／敬佩……的人"、"出乎意料的故事"、"最想改写的情节"等话题引导学生写阅读鉴赏，表达对书中内容、人物的看法，说出个人的感受，做出自己的评判，学习初步鉴赏文学作品，在阅读中勤于思考，在思考中善于表达，在表达中感悟作品的思想内涵和艺术价值。

二是积累有效语言。教师要有设计，让学生真正地感受语言、领悟语言，有意识地运用语言。比如读《草房子》这本书时，笔者指导学生积累书中有关人物外貌的语段，随后在描写人物的单元习作中，很多学生主动把积累的语言运用到自己的习作中。

三是关注日常练笔。吴忠豪教授强调，言语实践是提升学生语言运用能力的关键所在。随着整本书阅读的深入，作家的写作智慧会潜移默化地进入学生的表达语系，为学生提供丰富的语言材料，适时加强日常练笔，有助于学生语言经验的发展。学生在阅读中感受语言的节奏、韵律、遣词造句，最后熟练运用，这是阅读中言语创生的魅力。

总之，在整本书阅读的过程中，笔者通过以上四步走的阅读路径的设计，有效统整阅读任务，扎实推进方法指导，引导学生沉浸文本、深度阅读，真正把整本书阅读的任务落到了实处。

【作者简介】叶进，男，江苏省泰兴市鼓楼教育集团江平分校副校长，一级教师；杨美玲，女，江苏省泰兴市襟江小学教育集团济川分校教师，一级教师。

参考文献

［1］中华人民共和国教育部．义务教育语文课程标准（2022年版）［M］．北京：北京师范大学出版社，2022．

［2］艾登·钱伯斯．打造儿童阅读环境［M］．许慧贞，译．北京：北京联合出版公司，2016．

初中英语课外阅读班级档案袋评价的实践探索

◎ 周可心 / 江苏省无锡市新吴实验中学

摘　要　随着《义务教育英语课程标准（2022年版）》的发布，对学生课外阅读量的要求提高，凸显了系统化评价的重要性。档案袋评价模式因其步骤明确、效果显著，逐渐成为有效的评价方法。本文从学生档案袋评价延伸至班级档案袋评价，强调了教师在监督学生阅读、调整阅读材料难度、追踪整体阅读能力以及记录学习成果中的重要作用。本文还提供了班级档案袋的制作建议，旨在为课外阅读评价提供新的方向和实践参考。

关键词　课外阅读　档案袋评价　班级档案袋制作　课外阅读评价

《义务教育英语课程标准（2022年版）》要求初中毕业生课外阅读量累计达到15万词以上，对学生的阅读能力提出了更高要求，凸显了初中英语课外阅读实施的必要性和紧迫性。尽管近年来全国多所中学陆续开展了英语课外阅读活动，但尚未形成系统的教学模式。课外阅读的教学评价是关键环节。在多种评价方式中，档案袋评价模式因其步骤明确、效果显著，逐渐成为一种有效的个人阅读评价方法。学生档案袋评价即根据教育教学目标，有意识地将各种有关学生表现的作品及其他材料收集起来，并通过合理的分析与解释，反映学生在学习与发展过程中的优势与不足，并能自行调整。为了提高教师对班级整体课外阅读的监管与评价能力，本文由学生档案袋评价引申到班级档案袋评价，分析教师建立班级阅读档案袋的必要性，并提供制作建议，以期为课外阅读评价活动提供新的方向。

一、建立课外阅读班级档案袋的必要性

设计良好的档案袋可以成为师生交流的平台，并使学生的学业评价更加客观和全面。国内各学校设计的阅读记录表大同小异，其中王佳娣的档案袋设计[1]最为清晰全面，对班级档案袋的制作有借鉴意义。笔者将建立课外阅读班级档案袋的必要性归纳为以下几点：

一是监督学生课外阅读的完成度。对大部分学生而言，课外阅读属于在现有英语水平之上的英语活动，很多学生因为畏难而选择中途放弃。班级档案袋的建立则会迫使学生完成自己的阅读任务，而以任务引导的阅读更具有条理性与完整性。

二是调节课外阅读材料的难易程度。笔

者研究发现，大部分学校实行的都是阅读教材统一化的阅读模式。根据克拉申的"i+1"输入学习理论，课外阅读难度过大会引起学习者的厌恶与反感，产生无效输入。所以随着学生阅读水平的提高，适时调整或补充阅读材料，在整个阅读过程中都至关重要。

三是追踪班级整体阅读能力。教师可以通过每月对学生阅读能力进行测评来监测学生课外阅读的质量与水平。除此之外，教师还可以通过课堂阅读记录，观察学生在阅读过程中能否采用有效的阅读方法，阅读速度是否有所提高，从而进一步反思自己的教学过程，调整下一步教学内容。

四是记录学生的思维碰撞与成果展示。学生档案袋记录的大多是学生个人的成果，而班级档案袋中可以存放班级学生讨论研究、短剧表演、合作完成作品的精彩瞬间，为他们留下美好的回忆，让他们从阅读中收获快乐。

二、课外阅读班级档案袋的制作要素

大部分长期开展课外阅读的学校多以一周一节课的频率开展阅读活动，每学期约19课时，笔者将课时做以下分配：1节导读课+每月2—3节活动课+1—2节期末总结课+13节左右自主阅读课。阅读内容由教师统一规定，可设置1—2本整本书阅读或每节课一本的短篇阅读。基于此课外阅读背景，参考学生档案袋内容，一个学期的班级档案袋评价可包括以下几个方面：

一是封面，包括班级基本信息、建档日期及其他信息。

二是前言，可分为两个部分：第一部分为教学目标与预期成果；第二部分为计划书，可以分为周计划书及月计划书。周计划书主要针对整本书阅读的进度安排，月计划

书主要是规划每月不同的阅读活动。周计划书可给学生计划自己的课外阅读提供参考，保证班级学生的阅读进度大致相同。

三是每周阅读情况记录表，可以根据学生上交的导学案情况进行记录。导学案分为两个部分：第一部分为根据文章内容设置的一些练习题，这些练习题不以测试学生水平为目的，而以帮助学生理解文章为宗旨，所以评价应符合模糊化原则，根据完成情况给予等级评价；第二部分是反馈，主要用于了解学生对文本的兴趣程度以及难易程度，有助于教师及时调整阅读材料。

四是每月阅读活动记录表。长达一个学期的阅读计划不可能全部依靠学生自主完成，教师须增加相应的阅读活动或导读课来刺激学生的阅读兴趣，同时追踪学生的阅读能力是否有所提升。阅读活动记录表可以分为两部分。第一部分为量化评价。教师可以借用每个月的课内测试测评学生的阅读水平是否有所提高。教师不应只关注学生最后的成绩体现，还应对学生在考试过程中的表现有所记录，包括阅读速度、阅读习惯、阅读技巧的使用。教师还可以利用一些网络程序对学生的平均词汇量进行测评，查看学生的词汇量拓展水平。第二部分为非量化评价。教师可开展多种阅读活动来展示阶段性阅读成果，比如读书交流会、学生访谈、短剧表演、辩论赛、教师导读课等，通过学生自评、生生互评的方式进行评价。这一部分的记录可以多样化，比如照片、视频、手抄报等。

五是每月教学反思。教师可根据上述材料进行每月教学反思，针对本月课外阅读存在的问题，调整下一阶段的教学方法。

【作者简介】周可心，女，江苏省无锡市新吴实验中学二级教师。

参考文献

[1] 王佳娣.英语课外阅读中档案袋评价实施的原则和方法 [J].湖南第一师范学院学报，2011，11（1）：52—54.

小学数学综合实践活动中渗透数学文化的有效策略

◎ 于　艳／江苏省南京市琅琊路小学

摘　要　数学文化在小学数学综合实践活动中具有重要作用。文章结合实例分析探讨在小学数学综合实践活动中融入数学文化的有效策略，提出可通过优选数学项目化学习、挖掘数学史的发展脉络和关键事件、创设数学模拟情境等路径在综合实践活动中渗透数学文化，强化学生对数学文化的认同，促进"五育"的协调发展。

关键词　"五育"融合　小学数学　综合实践活动　数学文化　渗透策略

近几年，随着社会升学目标日趋功利化，以"疏德、偏智、弱体、抑美、缺劳"为主要表现的"五育"分离现象层出不穷，导致教师"片面育人"，学生"片面发展""高分低能"。因此，重塑"五育"格局迫在眉睫。小学数学作为基础教育的关键学科，其承载的数学文化不仅是一种文化现象的价值体现，而且具有深远的教育意义。数学新课程标准明确了数学思想与文化价值，且指出要把数学思想与文化作为教材重要内容，渗透在教学活动中。[1]而数学综合实践活动是一种将数学知识与实际生活相结合的教学活动。通过项目化学习、问题解决、实验探究等多种形式，让学生体验数学在现实中的应用，培养解决实际问题的能力。因此将数学文化融入综合实践活动，实现"五育"融合，培养学生的数学素养，提升学生对数学文化的认同感，促进学生在德、智、体、美、劳等方面实现综合发展，进而推动全面教育目标的实现。

一、优化项目化学习，提升数学文化深度理解

数学文化包括数学思想、数学方法、数学态度，这些元素能够帮助学生从多维度看待数学问题，是学生数学学习活动需要接触和关注的内容，是学生有效理解数学概念、形成数学学习兴趣、提高数学学习能力和品质的重要媒介。[2]项目式学习是当今小学数学综合实践活动一种常见的学习方式，也是一种有效的教学策略。但

往往因为教师没有明确定位小学数学综合实践活动，过分重视活动中的数学学习得，过于强调教师传授知识而忽略学生探索和发现知识，没有真正落实让学生在综合实践活动中获得某一项能力和品质提升的活动重点。[3]因此教师可以设计与学生生活紧密相关的、有意义的项目主题，将数学概念与问题联系起来，引导学生通过解决实际问题并在项目各阶段提供指导，确保学生理解数学的实际应用，深化对数学文化的理解。鼓励学生进行探究式学习，培养自主学习能力，从数学视角分析解决问题，加深对数学文化的理解。最后还可以组织成果展示，促进学生间的交流，这种学习不仅让学生体验数学文化，还培养了综合实践能力，符合"五育"融合要求，推动学生综合素质发展。

例如，在学习完"常见的长度单位"单元教学后，教师策划了一场名为"智绘未来教室"的创意项目式学习。学生分组测量教室的长度与宽度、窗户与门的宽度、桌椅的高度，汇总这些数据，使用公式计算出教室的面积。在此基础上，教师指导学生进一步进行数据分析。学生通过教室的面积，评估当前教室布局的不足之处，教师让学生小组讨论桌椅是否占据过多的活动空间。学生经过讨论并根据测量数据，提出将书柜移动到窗口旁，能节省1.2米宽的有效墙面，或者调整桌椅排列，以在教室中央创造一条2米宽的活动通道。教师在此过程中讲解如何转换测量单位更便于计算，教会学生如何利用这些数据在实际设计中进行比例调整。在项目展示环节，

学生制作了教室平面图，详细标注各部分的尺寸以及优化后的书柜、桌椅摆放位置。每组展示后，其他学生提出改进建议。通过这些实战计算和设计，学生不仅掌握了测量单位的实际应用，还深入理解了数学在空间设计中的重要性。这种项目式学习帮助学生在真实情境中体验数学文化，增强了学生对数学应用的直观感受和对数学文化的认同感。

二、挖掘历史的脉络，促进数学文化素养提升

数学文化的渗透不仅提升学生数学素养，还促进其全面发展。数学史的无形融入是一种特殊的课程体验，学生可以从历史角度理解数学思想的演变，加深对数学文化传承的认同感。但在现实教学中，数学史内容往往就是个"摆设"，教师未能充分利用数学史资源，导致学生缺乏对数学发展历程和文化背景的深刻理解。数学史的应用多为零散讲解，缺乏系统性，未能与现代教学手段及实践活动有效融合，影响学生对数学文化的兴趣。

教师应当将数学史整合进课程规划，使之成为教学内容的重要组成部分。深入挖掘数学史的发展脉络和关键事件，精心设计课程，确保学生能够全面理解数学的历史背景和文化意义。同时，教师应运用现代教学技术，以吸引人的方式展示数学史，激发学生的学习热情和好奇心，将数学历史文化循序渐进地渗透到教学活动的全过程中，促使学生在探究数学知识的同时学习更多的数学文化，从而让学生在数

学文化的熏陶下实现自身的全方位提升，增强学生探索数学知识的动力，不断提升学生的数学文化素养[4]，促进学生智育、美育、德育结合，形成良好学习观。

例如，教师在教学《小数的初步认识》时，设计了一个综合活动，围绕小数的历史演变与应用展开。首先，教师介绍了小数的起源，通过展示古希腊数学家阿基米德的文献，讲解他如何使用分数来表示小数。之后，教师讲述十进制小数的发明，特别是印度数学家阿耶波多的贡献，他首次使用了类似现代小数的表示方法。接着，学生被分成小组，每组负责研究不同历史时期的小数应用。一个小组研究了古埃及的度量系统，发现埃及人用 1/10 表示 0.1 的概念，用于测量土地。另一个小组研究了 16 世纪欧洲的商人如何使用小数进行货币计算，例如 0.75 代表 3/4 金币。学生将这些历史资料整理成报告，并计算了古代度量换算成现代小数的过程。在课堂上，教师利用多媒体技术，展示古代建筑中的比例计算以及天文学中的角度测量。学生通过动画以及互动视频，直观地看到历史人物如阿基米德、阿耶波多、16 世纪的商人如何使用小数，激发了学生对数学历史的兴趣。通过这个数学活动，学生不仅理解了小数的数学概念，还从历史的角度看到了小数的实际应用价值。学生在活动总结中展示了如何将历史上使用的小数换算成现代小数，如 3/4=0.75，并探讨了这些小数在古代贸易和科学中的重要性。这种教学方法使学生深入了解了小数的文化背景，提升了学生的文化素养。

三、创设模拟情境化，体验数学文化应用价值

将数学文化融入综合实践活动，还有助于创新教学方法，符合现代教育改革的要求。传统教学局限于课堂，教学手段的单一与滞后也是制约数学文化深入人心的问题之一。尽管传统讲授方式有其价值，但面对现代学生的多元化需求，其方式已显得力不从心。学生难以在具体学习情境中体验数学知识的实际应用与文化内涵，而"五育"融合要求多元化教学活动，激发学生的学习兴趣，培养其自主学习能力。因此教师须创造与学生生活紧密相连的学习环境，让学生在仿真的环境中运用数学，设计有挑战性的任务，引导学生在情境中进行探索式学习，发现并解决问题。通过提出开放性问题，鼓励学生自主探究，提升数学思维。教师运用多样化的教学方法，增强情境的现实感，让学生在实际情境中体验数学的应用，认识到数学文化的重要性。通过情境创设，教师能有效点燃学生的学习热情，让他们在充满趣味的环境中积极探究，深化对数学文化的理解。

比如，教师在带领学生学习"认识人民币"时，设计了一个"班级小小市集"的情境活动，模拟真实的市场交易场景。学生带来了各种小商品，如文具、玩具和零食，并标注价格。每位学生获得 100 元的模拟货币，需要用这些货币购买与销售商品。在市集买卖中，学生轮流扮演买家与卖家角色。买家必须确定购买的总价格是否正确，而卖家则需要准确地找零，教

师指导学生检查交易的准确性，确保所有的加减运算正确无误。此外，教师融入了社会教育的内容，要求学生在交易中遵守公平交易、诚实守信的原则，告诉学生不故意抬高价格或在找零时少给钱。通过这种情境创设，学生不仅学会了货币加减法的实际应用，还体验了在真实情境中运用数学知识解决问题的过程。最后，学生分享了在"市集"上的体验，讨论如何在交易中确保准确性和公平性，从而进一步巩固了学生对货币的理解以及数学的实际应用。这场"班级小小市集"，不仅让学生在轻松愉快的氛围中掌握了货币加减法的实际应用，更在他们心中种下了诚信、公平

与合作的种子，让每个学生都能在生活中发现数学的魅力，体会数学文化带给生活的价值。

综上所述，将数学文化融入数学综合实践活动，使其成为连接的桥梁，有利于重新构建德育、智育、体育、美育和劳育并重的教育体系，让学生掌握数学知识的同时，能够深入理解数学文化内涵，激发对数学的热爱和尊重。在数学文化的熏陶下，德育得到加强，智育得到提升，体育、美育和劳育也在数学实践中得到发展，学生在实践中体验到劳动、运动和艺术之美。

【作者简介】于艳，女，江苏省南京市琅琊路小学教师，一级教师。

参考文献

［1］潘秋云.小学数学综合实践活动中数学思想文化渗透研究［J］.小学生（上旬刊），2023（11）：10—12.

［2］唐为年.在综合实践活动中渗透数学文化［J］.教书育人，2022（5）：77—78.

［3］黎波，罗虎成，陈洁.探究数学文化在小学数学综合实践活动中的渗透［J］.创新创业理论研究与实践，2021，4（13）：168—170，173.

［4］苗文林.提高小学数学综合实践课教与学有效性的思路研究［J］.文理导航，2021（12）：38—39.